Johannes Münder
Angela Smessaert

Frühe Hilfen
und Datenschutz –
Mecklenburg-Vorpommern

Waxmann 2010
Münster / New York / München / Berlin

Gefördert vom Ministerium für Soziales und
Gesundheit Mecklenburg-Vorpommern

Ministerium für Soziales
und Gesundheit

Bibliografische Informationen der Deutschen Nationalbibliothek
Die Deutsche Nationalbibliothek verzeichnet diese Publikation in
der Deutschen Nationalbibliografie; detaillierte bibliografische
Daten sind im Internet über http://dnb.d-nb.de abrufbar.

ISBN 978-3-8309-2439-5

© Waxmann Verlag GmbH, 2010
Postfach 8603, 48046 Münster
Waxmann Publishing Co.
P.O. Box 1318, New York, NY 10028, USA

www.waxmann.com
order@waxmann.com

Umschlaggestaltung: Pleßmann Design, Ascheberg
Titelfoto: © Falko Matte – fotolia.de
Satz: Stoddart Satz- und Layoutservice, Münster
Druck: Hubert & Co., Göttingen
Gedruckt auf alterungsbeständigem Papier,
säurefrei gemäß ISO 9706

Inhalt

Vorwort

Die Implementation sozialer Frühwarnsysteme oder Früher Hilfen in den Kommunen bedeutet den Aufbau verbindlicher, interdisziplinärer Kooperationsstrukturen. Ziel ist, auf frühe Zeichen riskanter Entwicklungen für das Aufwachsen von Kindern koordiniert und disziplinübergreifend zu reagieren. Arbeiten mehrere Fachkräfte mit einer Familie zusammen, stellt sich immer die Frage, wie die persönlichen Daten der Familie geschützt werden können und ein aufeinander abgestimmtes Angebot der Fachkräfte trotzdem möglich ist. Fragen aus dem Gebiet des Datenschutzes werden virulent und müssen geklärt sein, wenn verbindliche Kooperationen in den Sozialräumen etabliert werden. Immer wieder können Handlungsunsicherheiten in dem Gebiet des Datenschutzes zu einer Stagnation in Kooperationsverbünden führen.

Die Komplexität des Themas Datenschutz darf nicht unterschätzt werden. Kurze Antworten, die Klarheit ins Feld der Datenschutzbestimmungen bringen sollen, sind so einfach nicht zu geben, ohne unzutreffenden Verallgemeinerungen den Raum zu öffnen – gerade in einem Bereich, der so unterschiedlich ausgestaltet ist wie die Frühen Hilfen. Dies macht es erforderlich, die Fachkräfte selbst zu befähigen, sich eigenständig mit den datenschutzrechtlichen Fragen auseinanderzusetzen, die sich ihnen im Rahmen ihrer interdisziplinären Zusammenarbeit in den Frühen Hilfen stellen. Im Rahmen der vom Institut für Soziale Praxis herausgegebenen Schriftenreihe „Soziale Praxis" haben wir 2009 eine Darstellung der datenschutzrechtlichen Grundlagen für den Kontext der interdisziplinären Kooperation zwischen Jugendhilfe, Gesundheitswesen und Schule entwickelt, die sich auf Nordrhein-Westfalen bezog. Auf Grund der Förderung durch das Ministerium für Soziales und Gesundheit des Landes Mecklenburg-Vorpommern ist es nun möglich, dieses Werk vorzulegen, das sich auf die landesrechtlichen Regelungen Mecklenburg-Vorpommerns bezieht.

Das Thema Datenschutz ist auch innerhalb des juristischen Bereichs ein komplexes Feld, bei dem hinsichtlich der Frühen Hilfen zudem verschiedene Rechtsgebiete von Bedeutung sind. Um der Komplexität dieses Querschnittbereichs gerecht zu werden, wurde viel Wert auf die Verdeutlichung der datenschutzrechtlichen Grundsätze gelegt, um im Anschluss auf die wichtigsten

Besonderheiten der unterschiedlichen Sachbereiche (Jugendhilfe, Gesundheitswesen, Schule) einzugehen.

Der Text bietet eine Übersicht zum Datenschutz im Kontext der Frühen Hilfen. Dies soll es gestatten, sich nicht nur zu informieren, sondern sich auch selbsttätig mit anstehenden Problemen auseinanderzusetzen. Nach einigen weiterführenden Literaturhinweisen befasst sich der systematische Überblick in fünf Kapiteln mit Grundsätzen des Datenschutzes, den einzelnen Schutzbereichen, einem Überblick über die geltenden Normen, schwerpunktmäßig mit Fragen der Informationsweitergabe und den Rechten der Betroffenen. Verweisungen durch Randziffern (Rz.) ermöglichen das leichtere Auffinden systematisch an anderer Stelle eingeordneter Ausführungen. Die Ausführungen selbst werden durch entsprechend hervorgehobene Beispiele mit Praxisbezug angereichert. Im abschließenden sechsten Kapitel wird die Anwendung der zuvor erläuterten datenschutzrechtlichen Normen exemplarisch an einigen laufenden Projekten im Arbeitsfeld der Frühen Hilfen aufgezeigt. Im Anhang können die wichtigsten Gesetzestexte im Wortlaut nachgelesen werden.

Berlin, August 2010

Johannes Münder
Angela Smessaert

Vorab: weiterführende Literaturhinweise

Auf Verweise wurde in diesem Überblick bewusst verzichtet. Für eine Vertiefung ist die Heranziehung von Kommentaren zu den einzelnen Gesetzen notwendig – besonders empfehlenswert:
*   Hoffmann, B. in: Münder, J./Wiesner, R. (2007): Handbuch Kinder- und Jugendhilferecht, Baden-Baden, Kap. 6.2;
*   Münder, J. u.a. (2009): Frankfurter Kommentar zum SGB VIII: Kinder- und Jugendhilfe, 6. Aufl., Weinheim u.a., zu den §§ 61 ff. SGB VIII;
*   Wiesner, R./Mörsberger, T./Oberloskamp, H. (2006): SGB VIII – Kinder- und Jugendhilfe. Kommentar, 3. Aufl., München, zu den §§ 61 ff. SGB VIII.

Da Datenschutzregelungen auch im SGB X und im BDSG enthalten sind, sind natürlich entsprechende Kommentierungen dort, wo diese Regelungen eine Rolle spielen, von Bedeutung, z.B.:
*   Gola, P./Schomerus, R./Klug, C. (2007): BDSG – Bundesdatenschutzgesetz. Kommentar, 9. Aufl., München;
*   Wulffen, M. von (2008): SGB X – Sozialverwaltungsverfahren und Sozialdatenschutz. Kommentar, 6. Aufl., München.

Zu einem generellen Überblick über den Datenschutz vgl. z.B.:
*   Roßnagel, A. (2003): Handbuch Datenschutzrecht. Die neuen Grundlagen für Wirtschaft und Verwaltung, München.

Material zum Datenschutz bei den Frühen Hilfen oder im Gesundheitswesen enthalten insbesondere:
*   Meier, A. (2003): Der rechtliche Schutz patientenbezogener Gesundheitsdaten, Karlsruhe;
*   Meysen, T./Schönecker, L./Kindler, H. (2009): Frühe Hilfen im Kinderschutz, Weinheim/München.

1 Die Ausgangslage: informationelles Selbstbestimmungsrecht

Der Blick auf die Sinnhaftigkeit des Datenschutzes ist heterogen: Manchmal wird Datenschutz in der Praxis als „Behinderung eines sinnvollen Informationsaustausches" und deswegen bisweilen als lästig angesehen. Denn bei Frühen Hilfen – so die Vorstellung – sei es notwendig, dass umfangreiche Informationen zur Verfügung stünden, da nur dann die Helfer dank ihres fachlichen Wissens professionell handeln könnten. In einem solchen Verständnis sind die Professionellen die „Herren" des Hilfeprozesses. Mit einem solchen Verständnis lässt sich Hilfe für Familien, Kinder und Jugendliche nicht wirkungsvoll gestalten. Richtig wahrgenommen ist Datenschutz nämlich eine Ausformung des fachlich wichtigen **Vertrauensschutzes:** Hilfe kann hier nur gelingen, wenn Angebote und Leistungen nicht einseitig realisiert werden, sondern wenn die Leistungsberechtigten für diese Angebote und Leistungen gewonnen werden. Gelingt es, diese Betrachtung in den Vordergrund zu nehmen, wird der Datenschutz in der Praxis auch als sinnvoll akzeptiert.

1

Die letztgenannte, fachlich richtige Orientierung deckt sich mit dem Kern des Datenschutzes. Diesen hat das Bundesverfassungsgericht (BVerfG U. 15.12.1983 – 1 BvR 209, 269, 362, 420, 440, 484/ 83 – E 65, 1 ff.) aus dem allgemeinen Persönlichkeitsrecht (Art. 2 Abs. 1 i.V.m. Art. 1 GG) entwickelt. Ausgehend davon hat es das **informationelle Selbstbestimmungsrecht** formuliert und ausgeführt, dass jeder das Recht habe, „selbst zu entscheiden, wann und innerhalb welcher Grenzen persönliche Lebenssachverhalte offenbart werden". So einleuchtend das erscheint, gibt es doch in der Anwendung Probleme.

2

Das hat damit zu tun, dass gerade bei personenbezogenen Dienstleistungen, wie in der Kinder- und Jugendhilfe oder im Gesundheitswesen, den Professionellen zum Teil sehr persönliche und intime Daten der betroffenen Menschen bekannt werden und deswegen hier besonders hoher Bedarf an Regelungen zur Sicherung des informationellen Selbstbestimmungsrechts besteht. Dieser Schutzbedarf ist gerade im Sozialbereich durch § 35 SGB I grundsätzlich anerkannt.

3

§ 35 Sozialgeheimnis

(1) Jeder hat Anspruch darauf, daß die ihn betreffenden Sozialdaten (§ 67 Abs. 1 Zehntes Buch) von den Leistungsträgern nicht unbefugt erhoben, verarbeitet oder genutzt werden (Sozialgeheimnis). Die Wahrung des Sozialgeheimnisses umfaßt die Verpflichtung, auch innerhalb des Leistungsträgers sicherzustellen, daß die Sozialdaten nur Befugten zugänglich sind oder nur an diese weitergegeben werden. Sozialdaten der Beschäftigten und ihrer Angehörigen dürfen Personen, die Personalentscheidungen treffen oder daran mitwirken können, weder zugänglich sein noch von Zugriffsberechtigten weitergegeben werden. Der Anspruch richtet sich auch gegen die Verbände der Leistungsträger, die Arbeitsgemeinschaften der Leistungsträger und ihrer Verbände, die Datenstelle der Träger der Rentenversicherung, die Zentrale Speicherstelle bei der Datenstelle der Träger der Deutschen Rentenversicherung, soweit sie Aufgaben nach § 99 des Vierten Buches, und die Registratur Fachverfahren bei der Informationstechnischen Servicestelle der Gesetzlichen Krankenversicherung, soweit sie Aufgaben nach § 100 des Vierten Buches wahrnimmt, die in diesem Gesetzbuch genannten öffentlich-rechtlichen Vereinigungen, gemeinsame Servicestellen, Integrationsfachdienste, die Künstlersozialkasse, die Deutsche Post AG, soweit sie mit der Berechnung oder Auszahlung von Sozialleistungen betraut ist, die Behörden der Zollverwaltung, soweit sie Aufgaben nach § 2 des Schwarzarbeitsbekämpfungsgesetzes und § 66 des Zehnten Buches durchführen, die Versicherungsämter und Gemeindebehörden, sowie die anerkannten Adoptionsvermittlungsstellen (§ 2 Abs. 2 des Adoptionsvermittlungsgesetzes), soweit sie Aufgaben nach diesem Gesetzbuch wahrnehmen und die Stellen, die Aufgaben nach § 67c Abs. 3 des Zehnten Buches wahrnehmen. Die Beschäftigten haben auch nach Beendigung ihrer Tätigkeit bei den genannten Stellen das Sozialgeheimnis zu wahren.

(2) Eine Erhebung, Verarbeitung und Nutzung von Sozialdaten ist nur unter den Voraussetzungen des Zweiten Kapitels des Zehnten Buches zulässig.

(3) Soweit eine Übermittlung nicht zulässig ist, besteht keine Auskunftspflicht, keine Zeugnispflicht und keine Pflicht zur Vorlegung oder Auslieferung von Schriftstücken, nicht automatisierten Dateien und automatisiert erhobenen, verarbeiteten oder genutzten Sozialdaten.

(4) Betriebs- und Geschäftsgeheimnisse stehen Sozialdaten gleich.

(5) Sozialdaten Verstorbener dürfen nach Maßgabe des Zweiten Kapitels des Zehnten Buches verarbeitet oder genutzt werden. Sie dürfen außerdem verarbeitet oder genutzt werden, wenn schutzwürdige Interessen des Verstorbenen oder seiner Angehörigen dadurch nicht beeinträchtigt werden können.

Der hohe Schutzbedarf gerade im sozialen Bereich hat dazu 4
geführt, dass der Datenschutz hier inzwischen ein komplexes Sys-
tem von Begriffen (Kap. 2.2) von unterschiedlichen Schutzmaßnahmen in unterschiedlichen rechtlichen Bereichen (vgl. Kap. 3
und 4) entwickelt hat. Hilfreich ist es deswegen, sich zunächst die
sozialen und damit auch rechtlichen Ausgangslagen vor Augen zu
führen, die im Spannungsfeld zwischen informationeller Selbstbestimmung und notwendigen Informationen von Bedeutung sind.

1.1 Die Mitwirkungspflichten

Personen, die soziale Leistungen sowie Leistungen der Kinder- und 5
Jugendhilfe erhalten, erhalten wollen oder bei denen solche Leistungen möglicherweise in Frage kommen, haben – und das gilt
generell – eine sogenannte Mitwirkungspflicht. Das heißt, sie müssen ggf. (insbesondere bei Geld- und Sachleistungen) auch Informationen über sich preisgeben, um die entsprechende Leistung zu
erhalten. Inhalt, Umfang und Grenzen dieser sogenannten **Oblie-
genheitspflichten** sind in **§§ 60–66 SGB I** geregelt. Dort ist festgelegt, dass derjenige, der Sozialleistungen erhalten will, alle Tatsachen anzugeben hat, die für die Leistung erheblich sind, dass
er ggf. auch der Einholung von Auskünften bei Dritten zustimmen muss, dass er Änderungen mitteilen muss usw. (im Einzelnen §§ 60, 61, 62 SGB I). Diese Mitwirkungsverpflichtung hat
natürlich ihre Grenzen, etwa wenn sie den Betroffenen aus einem
wichtigen Grund nicht zugemutet werden kann oder wenn es sich
um ein unangemessenes Verhältnis bezüglich der begehrten Sozial-
leistung handelt (im Einzelnen § 65 SGB I).

Selbst dort aber, wo Mitwirkungspflichten bestehen, sind die 6
Betroffenen letztlich dennoch „Herren und Frauen" darüber, ob sie
entsprechende Informationen preisgeben. Sie können weder dazu
gezwungen werden, diese Informationen preiszugeben, noch können die Sozialleistungsträger sich die Informationen von Anderen
besorgen (etwa das Geburtsdatum vom Standesamt oder das Ein-
kommen vom Arbeitgeber). Die **Rechtsfolge** der Verletzung der
Obliegenheitspflicht zur Mitwirkung ist (nur?) die, dass die möglichen Leistungsberechtigten – nach schriftlichem Hinweis hierauf (§ 66 Abs. 3 SGB I) – die **Leistung** oder Vergünstigung **nicht**

erhalten. Das bedeutet auch, dass gerade im Vorfeld von Hilfen mit dieser Mitwirkungspflicht auch sensibel umgegangen werden muss, denn sonst kann eine rigide Einforderung von Mitwirkungspflichten auch dazu führen, dass sich die Betroffenen den Hilfeangeboten verweigern.

1.2 Staatliches Wächteramt

7 Adressaten der Kinder- und Jugendhilfe sind letztlich Kinder und Jugendliche. Von besonderer Bedeutung ist dies dort, wo das Wohl der Minderjährigen nicht gesichert bzw. gefährdet ist. Das kann auch durch die personensorgeberechtigten Eltern geschehen. Hier hat die Jugendhilfe das sich aus **Art. 6 Abs. 2 GG** („Pflege und Erziehung der Kinder sind das natürliche Recht der Eltern und die zuvörderst ihnen obliegende Pflicht. Über ihre Betätigung wacht die staatliche Gemeinschaft.") ergebende staatliche Wächteramt zur Sicherung des Kindeswohls wahrzunehmen. Von besonderer Bedeutung ist dies bei den Hilfen zur Erziehung. Leistungsberechtigte sind dort die Personensorgeberechtigten. Wenn es nicht gelingt, die Personensorgeberechtigten für Hilfen zur Erziehung (§§ 27 ff. SGB VIII) zu gewinnen, muss das Familiengericht eingeschaltet werden (§ 1666 BGB). Dazu wird es – regelmäßig – vom Jugendamt informiert. Und dass hier die Personensorgeberechtigten nicht mit der Informationsweitergabe einverstanden sind, ist nicht verwunderlich. Also muss die Information im Interesse der Sicherung des Kindeswohls ggf. auch ohne Einverständnis der Personensorgeberechtigten erfolgen.

8 Die Betonung des Kindesschutzes durch das Kinder- und Jugendhilfeweiterentwicklungsgesetz (KICK) hat dies sowohl für die Informationsgewinnung wie für die Informationsweitergabe deutlich gemacht. Eingeführt wurde ein grundsätzlich einzuhaltendes Verfahren bei Anhaltspunkten auf Kindeswohlgefährdung (§ 8a SGB VIII) sowie eine Lockerung der Datenschutzvorgaben bei Kinderschutzfällen bezüglich der Informationsgewinnung (§ 62 Abs. 3 Nr. 2d SGB VIII – vgl. dazu Rz. 48) und der Informationsweitergabe (§ 65 Abs. 1 Nr. 5 SGB VIII – vgl. dazu Rz. 55 und 83). Die bei allen Leistungen der Kinder- und Jugendhilfe immer notwendige Wahrnehmung des staatlichen Wächteramts darf nun

aber nicht dazu führen, dass vorschnell Datenschutzgrundsätze beiseite geschoben werden. Die sorgfältige Beachtung der Datenschutzgrundsätze wird vielmehr dazu führen, dass das geplante Vorgehen unter methodisch-fachlichen Gesichtspunkten (nochmals) geprüft wird.

2 Grundlagen des Datenschutzes – ein Überblick

9 Um den Datenschutz im Zusammenhang mit den Frühen Hilfen etwas überschaubarer zu machen, erfolgt zunächst eine Darstellung wichtiger, generell gültiger Grundsätze (vgl. Kap. 2.1), die Klärung von Begrifflichkeiten und Systematiken im Datenschutz (vgl. Kap. 2.2) und schließlich Ausführungen dazu, welche Normen für welche Bereiche gültig sind (vgl. Kap. 2.3).

2.1 Grundsätze des Datenschutzes

10 Die Regelungen des Datenschutzes sind im Einzelnen kompliziert, zum Teil hoch kompliziert. Hier kann nur ein Überblick gegeben werden. Die Beachtung zentraler Prinzipien erlaubt in den meisten Fällen die übliche Alltagsarbeit so zu strukturieren, dass sie den datenschutzrechtlichen Grundsätzen entspricht.

11 Ausgangspunkt ist das auf dem **Persönlichkeitsrecht beruhende informationelle Selbstbestimmungsrecht,** wie es in der zentralen Entscheidung des Bundesverfassungsgerichts (BVerfG B. 22.6.1982 – 1 BvR 1376/79 – E 61, 1 ff.) ausführlich herausgearbeitet wurde. Das bedeutet, dass zunächst immer die Bürger/-innen selbst darüber bestimmen, welche Informationen sie geben, in welchem Umfang sie sie geben, an wen sie sie geben und wie sie verwendet werden.

12 Eng damit zusammen hängt der Grundsatz der **Datenerhebung bei den Betroffenen.** Das bedeutet, dass die Betroffenen zu informieren und aufzuklären sind, dass ihnen also verständlich gemacht werden muss, warum welche Daten zu welchem Zweck erhoben werden. Dieses Konzept geht vom aufgeklärten und mündigen Bürger aus. Dort, wo dies nicht ohne weiteres gegeben ist, müssen staatliche Stellen alles unternehmen, um zur Aufklärung und Mündigkeit beizutragen. Wenn die Daten bei Dritten erhoben werden sollen, bedeutet der Vorrang der Erhebung beim Betroffenen, dass dieser hierin grundsätzlich ausdrücklich einwilligen muss. Eine Datenerhebung „hinter seinem Rücken" bei Dritten, bei anderen Dienststellen usw. ist grundsätzlich verboten, es sei

denn, diese ist gesetzlich ausdrücklich erlaubt (z.B. in § 62 Abs. 3 SGB VIII – vgl. Kap. 3).

> **Bsp.:** *Wenn bei der Frage, welche Hilfe die geeignete Hilfe ist, Informationen aus der Schule wichtig sind, so können diese nicht einfach von der Schule abgefragt werden. Vielmehr ist dazu stets die ausdrückliche Einwilligung der Betroffenen erforderlich.*

Auch dann, wenn den betroffenen Personen der Sinn der Daten-   **13** erhebung klargemacht worden ist und sie zustimmen, gilt immer noch, dass die Behörden sich unabhängig davon überlegen müssen, inwiefern die Datenerhebung für die gesetzliche Aufgabenerfüllung erforderlich ist. Es gilt damit der **Erforderlichkeitsgrundsatz.** Das bedeutet, dass die Verwaltungsmitarbeiter/-innen zunächst selbst unter fachlichen Gesichtspunkten genau prüfen müssen, ob es tatsächlich erforderlich ist, dass die entsprechenden Daten erhoben werden (vgl. z.B. § 13 Abs. 1 BDSG, §§ 9 Abs. 1 1. Halbsatz, 10 Abs. 1, 11 Abs. 1 DSG MV, § 67a Abs. 1 Satz 1 oder § 67c Abs. 1 Satz 1 SGB X), sie also ohne Erhebung der Informationen ihre Aufgabe nicht, nicht rechtzeitig, nicht vollständig oder nur mit unverhältnismäßigem Aufwand erfüllen könnten. Hierzu ist eine Wertung anhand der Umstände des Einzelfalls erforderlich: Je intensiver durch die Datenerhebung in die Privat- und Persönlichkeitssphäre der Betroffenen eingedrungen wird, umso eher ist auch ein Zusatzaufwand hinsichtlich der Erhebung sowie ggf. eine Dokumentation der Erhebungsentscheidung erforderlich. Durch den Erforderlichkeitsgrundsatz soll insbesondere einer „allgemeinen Datensammelei auf Vorrat" vorgebeugt werden.

Eng mit dem Erforderlichkeitsgrundsatz hängt als weiteres zent-   **14** rales Prinzip des Datenschutzes die **Zweckbindung** zusammen. Unter dem Gesichtspunkt der Erforderlichkeit ist nämlich zu prüfen, zu welchem Zweck die Daten erhoben, verarbeitet oder weitergegeben werden. Deswegen müssen die Betroffenen in allen Phasen des Umgangs mit Daten sicher sein, dass sie nur zu den Zwecken benutzt werden, zu denen sie erhoben wurden. Sollen deswegen Daten, die für einen bestimmten Zweck erhoben worden sind, später für andere Zwecke verwendet werden, so bedarf es dazu entweder – was immer der beste Weg ist – der Zustimmung der Betroffenen oder einer ausdrücklichen gesetzlichen

Befugnis für eine entsprechende anderweitige Zweckverwendung. Von besonderer Bedeutung ist dieser Zweckbindungsgrundsatz bei der Weitergabe und der Verwertung einmal erhobener Daten.

2.2 Einige Begrifflichkeiten

15 Wie in jedem (Sub-)System, so werden auch im Datenschutzbereich spezielle Begriffe verwendet, die nicht immer dem allgemeinen umgangssprachlichen Verständnis entsprechen. Dazu die wichtigsten Informationen.

16 **Privatgeheimnis:** Unter diesem in (der Überschrift des) § 203 StGB verwendeten Begriff versteht man (wie dann im Wortlaut des § 203 Abs. 1 StGB etwas näher ausgeführt) fremde Geheimnisse, namentlich die zum persönlichen Lebensbereich gehörenden Geheimnisse. Damit ist dieser Geheimnisbegriff weit gefasst, weiter als im üblichen Sprachgebrauch: Ein Geheimnis im Sinne des § 203 StGB ist jede Tatsache, die nur einer einzelnen Person oder einem beschränkten Personenkreis bekannt ist und an deren Geheimhaltung diejenigen, die es betrifft, ein erkennbares Interesse haben.

> *Bsp.: Während die Adresse meist kein Geheimnis sein wird, ist sie dann ein Geheimnis im Sinne des § 203 StGB, wenn es sich etwa um die Adresse einer Justizvollzugsanstalt handelt, da dieser zu entnehmen ist, dass die betroffene Person in Haft ist.*

Notwendig ist der Bezug zu einer konkreten Person, Angaben, aus denen nicht erkennbar ist, auf wen sie sich beziehen – die eine Identifizierung also nicht ermöglichen –, fallen nicht unter § 203 StGB.

17 **Personenbezogene Informationen:** Dieser aus dem Datenschutz stammende Begriff ist weitgehend identisch mit dem Begriff des Privatgeheimnisses. Zu den personenbezogenen Informationen zählen alle personenbezogenen Informationen, Tatsachen, ebenso wie Vermutungen oder Wertungen. Oft sind diese Informationen gegenständlich festgehalten, z.B. in Dateien, Akten.

Begriffsbestimmungen zu einer Vielzahl spezifischer datenschutz- rechtlicher Begriffe finden sich in **§ 67 SGB X,** der im Wesentlichen inhaltsgleich zu §§ 3 BDSG, 3 DSG MV ist und auf deren Abdruck an dieser Stelle daher verzichtet wird.

---

§ 67 Begriffsbestimmungen

(1) **Sozialdaten** sind Einzelangaben über persönliche oder sachliche Verhältnisse einer bestimmten oder bestimmbaren natürlichen Person (**Betroffener**), die von einer in § 35 des Ersten Buches genannten Stelle im Hinblick auf ihre Aufgaben nach diesem Gesetzbuch **erhoben**, **verarbeitet** oder **genutzt** werden. Betriebs- und Geschäftsgeheimnisse sind alle betriebs- oder geschäftsbezogenen Daten, auch von juristischen Personen, die Geheimnischarakter haben.

(2) Aufgaben nach diesem Gesetzbuch sind, soweit dieses Kapitel angewandt wird, auch

1. Aufgaben auf Grund von Verordnungen, deren Ermächtigungsgrundlage sich im Sozialgesetzbuch befindet,

2. Aufgaben auf Grund von über- und zwischenstaatlichem Recht im Bereich der sozialen Sicherheit,

3. Aufgaben auf Grund von Rechtsvorschriften, die das Erste und Zehnte Buch des Sozialgesetzbuches für entsprechend anwendbar erklären, und

4. Aufgaben auf Grund des Arbeitssicherheitsgesetzes und Aufgaben, soweit sie den in § 35 des Ersten Buches genannten Stellen durch Gesetz zugewiesen sind. § 8 Abs. 1 Satz 3 des Arbeitssicherheitsgesetzes bleibt unberührt.

(3) Automatisiert im Sinne dieses Gesetzbuches ist die Erhebung, Verarbeitung oder Nutzung von Sozialdaten, wenn sie unter Einsatz von Datenverarbeitungsanlagen durchgeführt wird (automatisierte Verarbeitung). Eine nicht automatisierte Datei ist jede nicht automatisierte Sammlung von Sozialdaten, die gleichartig aufgebaut ist und nach bestimmten Merkmalen zugänglich ist und ausgewertet werden kann.

(4) (weggefallen)

(5) **Erheben** ist das Beschaffen von Daten über den Betroffenen.

(6) **Verarbeiten** ist das Speichern, Verändern, Übermitteln, Sperren und Löschen von Sozialdaten. Im Einzelnen ist, ungeachtet der dabei angewendeten Verfahren,

1. **Speichern** das Erfassen, Aufnehmen oder Aufbewahren von Sozialdaten auf einem Datenträger zum Zwecke ihrer weiteren Verarbeitung oder Nutzung,

2. **Verändern** das inhaltliche Umgestalten gespeicherter Sozialdaten,

3. **Übermitteln** das Bekanntgeben gespeicherter oder durch Datenverarbeitung gewonnener Sozialdaten an einen Dritten in der Weise, dass

a) die Daten an den Dritten weitergegeben werden oder

b) der Dritte zur Einsicht oder zum Abruf bereitgehaltene Daten einsieht oder abruft;

Übermitteln im Sinne dieses Gesetzbuches ist auch das Bekanntgeben nicht gespeicherter Sozialdaten,

4. **Sperren** das vollständige oder teilweise Untersagen der weiteren Verarbeitung oder Nutzung von Sozialdaten durch entsprechende Kennzeichnung,

5. **Löschen** das Unkenntlichmachen gespeicherter Sozialdaten.

(7) **Nutzen** ist jede Verwendung von Sozialdaten, soweit es sich nicht um Verarbeitung handelt, auch die Weitergabe innerhalb der verantwortlichen Stelle.

(8) **Anonymisieren** ist das Verändern von Sozialdaten derart, dass die Einzelangaben über persönliche oder sachliche Verhältnisse nicht mehr oder nur mit einem unverhältnismäßig großen Aufwand an Zeit, Kosten und Arbeitskraft einer bestimmten oder bestimmbaren natürlichen Person zugeordnet werden können.

(8a) **Pseudonymisieren** ist das Ersetzen des Namens und anderer Identifikationsmerkmale durch ein Kennzeichen zu dem Zweck, die Bestimmung des Betroffenen auszuschließen oder wesentlich zu erschweren.

(9) **Verantwortliche Stelle** ist jede Person oder Stelle, die Sozialdaten für sich selbst erhebt, verarbeitet oder nutzt oder dies durch andere im Auftrag vornehmen lässt. Werden Sozialdaten von einem Leistungsträger im Sinne von § 12 des Ersten Buches erhoben, verarbeitet oder genutzt, ist verantwortliche Stelle der Leistungsträger. Ist der Leistungsträger eine Gebietskörperschaft, so sind eine verantwortliche Stelle die Organisationseinheiten, die eine Aufgabe nach einem der besonderen Teile dieses Gesetzbuches funktional durchführen.

(10) **Empfänger** ist jede Person oder Stelle, die Sozialdaten erhält. **Dritter** ist jede Person oder Stelle außerhalb der verantwortlichen Stelle. Dritte sind nicht der Betroffene sowie diejenigen Personen und Stellen, die im Inland, in einem anderen Mitgliedstaat der Europäischen Union oder in einem anderen Vertragsstaat des Abkommens über den Europäischen Wirtschaftsraum Sozialdaten im Auftrag erheben, verarbeiten oder nutzen.

(11) **Nicht-öffentliche Stellen** sind natürliche und juristische Personen, Gesellschaften und andere Personenvereinigungen des privaten Rechts, soweit sie nicht unter § 81 Abs. 3 fallen.

(12) **Besondere Arten personenbezogener Daten** sind Angaben über die rassische und ethnische Herkunft, politische Meinungen, religiöse oder philosophische Überzeugungen, Gewerkschaftszugehörigkeit, Gesundheit oder Sexualleben.

Hervorhebungen durch die Verf.

Sozialdaten: Der Begriff der Sozialdaten nach § 67 Abs. 1 Satz 1 SGB X setzt sich zusammen aus der Definition von **personenbezogenen Daten,** also „Einzelangaben über persönliche oder sachliche Verhältnisse einer bestimmten oder bestimmbaren natürlichen Person (Betroffene)" (so auch §§ 3 Abs. 1 BDSG, 3 Abs. 1 DSG MV), die von einem Sozialleistungsträger erhoben, verarbeitet oder genutzt werden. Er bestimmt sich damit nicht nur durch eine inhaltliche Komponente, sondern auch durch die erhebende, verarbeitende oder nutzende Stelle.

19

Der Begriff der **Gesundheitsdaten** ist demgegenüber wiederum rein inhaltlich bestimmt: Es handelt sich um alle personenbezogenen Daten über gesundheitliche Verhältnisse einer natürlichen Person, die zu den besonderen Arten personenbezogener Daten gehören (so § 67 Abs. 12 SGB X, aber auch § 3 Abs. 9 BDSG) und für die daher bestimmte Sonderregelungen gelten (z.B. §§ 13 Abs. 2, 16 Abs. 1 Nr. 2 Satz 2 oder 28 Abs. 7 und 8 BDSG, vgl. auch § 7 Abs. 2 DSG MV).

Persönliche Verhältnisse: sind Angaben über die betroffenen Personen selbst, ihre Identifizierung und Charakterisierung.

20

> ***Bsp.:*** *Name, Anschrift, Familienstand, Geburtsdatum, Staatsangehörigkeit usw.*

Sachliche Verhältnisse: sind Angaben über einen auf den Betroffenen beziehbaren Sachverhalt.

21

> ***Bsp.:*** *Einkommen, Vermögen, vertragliche oder sonstige Beziehungen zu Dritten.*

Unter den Begriff fällt also alles, was auf eine Person bezogen werden kann, unabhängig davon, ob es sich um ein besonders sensibles Datum oder um eine eher allgemeine Information (wie z.B. Wohnort) handelt.

Maßgebend für alle diese Begriffe des Privatgeheimnisses, der personenbezogenen Informationen, der persönlichen Verhältnisse usw. ist allein die Tatsache, dass sie eine Aussage über eine bestimmte oder bestimmbare Person (den Betroffenen – vgl. § 67 SGB X) beinhalten. Nicht erforderlich ist, dass diese Geheimnisse, per-

22

sonenbezogenen Informationen, persönlichen Verhältnisse usw. in irgendwelchen Dateien, gar in elektronischen Datenverarbeitungsanlagen o.ä., gespeichert sein müssen.

23 **Betroffener:** ist derjenige, auf den sich all diese Angaben beziehen (§ 67 Abs. 1 SGB X, aber auch §§ 3 Abs. 1 BDSG, 3 Abs. 1 DSG MV). Der Gesetzgeber hat bewusst einen weiten Begriff gewählt, dieser Begriff ist weiter als z.B. der des Leistungsberechtigten (vgl. § 62 Abs. 4 SGB VIII). Dies hat Bedeutung, für wen die Datenschutzvorschriften zur Anwendung kommen, bzw. wer mit der entsprechenden Datenerhebung, -verarbeitung oder -nutzung einverstanden sein muss.

24 **Erheben:** Bezogen auf Sozialdaten wird das Erheben von Sozialdaten in § 67 Abs. 5 SGB X definiert als Beschaffen von Daten eines Betroffenen. Erheben ist demnach nur das gezielt betriebene Beschaffen personenbezogener Daten, nicht z.B. zufällig erlangte oder mitgeteilte (z.B. bei anonymen Hinweisen) Informationen.

25 **Verwenden:** ist der Oberbegriff für das Verarbeiten und Nutzen von Daten, diese beiden Begriffe wiederum sind in § 67 Abs. 6 SGB X (Verarbeiten) und § 67 Abs. 7 SGB X (Nutzen) definiert.[1]

2.3 Welche Normen gelten für wen?

26 Der Datenschutz wird in unterschiedlichen Gesetzen angesprochen. Um zu wissen, welche Datenschutzanforderungen konkret für wen gelten, ist es wichtig, den Anwendungsbereich der Gesetze zu beachten. Informationen über diesen finden sich zumeist bereits in den ersten §§ des jeweiligen Gesetzes.

---

1 Zu der Frage, ob eine Nutzung auch bei einer Verwendung innerhalb einer Stelle (z.B. bei einer Fallbesprechung im Team) vorliegt, vgl. Rz. 54 ff.

2.3.1 Generell geltende Regelungen

Datenschutz im Bundesdatenschutzgesetz (BDSG), im Datenschutzgesetz Mecklenburg-Vorpommern (DSG MV)

Die grundlegenden Normen des Datenschutzes finden sich im 27 Bundesdatenschutzgesetz (BDSG) und den (zum größten Teil inhaltsgleichen) Datenschutzgesetzen (DSG) der Bundesländer.

> Den vollständigen Text des BDSG finden Sie im Internet unter http://bundesrecht.juris.de/aktuell.html > B > BDSG oder http://www.bundesrecht.juris.de/bdsg_1990/.
> Den vollständigen Text des DSG MV finden Sie im Internet unter http://www.landesrecht-mv.de > Gesetze/Verordungen > Suche: Datenschutzgesetz oder
> http://www.landesrecht-mv.de/jportal/portal/page/bsmvprod.psml?showdoccase=1&doc.id=jlr-DSGMVrahmen&doc.part=X&doc.origin=bs&st=lr.

Wie in **§ 1 Abs. 2 BDSG** niedergelegt ist, findet das **BDSG** 28 Anwendung bei der Erhebung, Verarbeitung und Nutzung personenbezogener Daten durch
1. öffentliche Stellen des Bundes,
2. öffentliche Stellen der Länder, soweit der Datenschutz nicht durch Landesgesetz geregelt ist und soweit sie
   a) Bundesrecht ausführen oder
   b) als Organe der Rechtspflege tätig werden und es sich nicht um Verwaltungsangelegenheiten handelt,
3. nicht öffentliche Stellen, soweit sie die Daten unter Einsatz von Datenverarbeitungsanlagen verarbeiten, nutzen oder dafür erheben oder die Daten in oder aus nicht automatisierten Dateien verarbeiten, nutzen oder dafür erheben, es sei denn, die Erhebung, Verarbeitung oder Nutzung der Daten erfolgt ausschließlich für persönliche oder familiäre Tätigkeiten.

Für das **DSG MV** ist der Anwendungsbereich in **§ 2 DSG MV** 29 festgelegt. Danach gilt das DSG MV für die Behörden, Einrichtungen und sonstigen öffentlichen Stellen des Landes, die Gemeinden und Gemeindeverbände sowie für die sonstigen der Aufsicht des Landes unterstehenden juristischen Personen des öffentlichen Rechts und deren Vereinigungen (öffentliche Stellen), soweit diese personenbezogene Daten verarbeiten. Einschränkungen gibt es für den Landtag, die Gerichte, die Behörden der Staatsanwaltschaft, den Landesrechnungshof und für die staatlichen Rechnungsprüfungsämter, wirtschaftliche Unternehmen der Gemeinden oder Gemeindeverbände ohne eigene Rechtspersönlichkeit (Eigenbetriebe), öffentliche Einrichtungen, die entsprechend den Vorschriften über die Eigenbetriebe geführt werden, sowie die der Aufsicht des Landes unterstehenden juristischen Personen des öffentlichen Rechts, die am Wettbewerb teilnehmen.

30 Zusammenfassend lässt sich festhalten, dass der Datenschutz auf Bundesebene durch das BDSG für die **Bundesbehörden** und den **privaten Bereich** (d.h. für alle Wirtschaftsunternehmen und Privatperson gegenüber Privatperson), auf der Ebene der einzelnen Bundesländer durch die Landesdatenschutzgesetze, hier also DSG MV, der Datenschutz für die **Landes- und Kommunalbehörden** geregelt wird. **Konkret bedeutet dies** einen Vorrang der Landesdatenschutzgesetze für die Kinder- und Jugendhilfe sowie die Gesundheitshilfe und Schulen (vgl. § 1 Abs. 2 Nr. 2 BDSG, § 2 Abs. 1 DSG MV). Zu beachten ist jedoch, dass die Vorschriften des BDSG wie des DSG MV zurücktreten, sollten in einem anderen Gesetz speziellere Regelungen über die Verarbeitung personenbezogener Daten getroffen worden sein (sog. Subsidiarität nach § 1 Abs. 4 BDSG, § 2 Abs. 4 DSG MV).

Datenschutz bei kirchlichen Einrichtungen

31 Eine Besonderheit existiert bei den öffentlich-rechtlichen Religionsgemeinschaften: Diese sind aus dem Anwendungsbereich des BDSG ausgeschlossen (vgl. die Aufzählung der Adressaten des BDSG in § 12 Abs. 1, 2 BDSG) und haben eigene Datenschutzgesetze erlassen. In der Evangelischen Kirche in Deutschland (EKD) gilt das Datenschutzgesetz der EKD (DSG-EKD) und in der Katholischen Kirche die Anordnung über den kirchlichen Datenschutz (KDO).

> Den vollständigen Text des DSG-EKD finden Sie im Internet unter http://www.ekd.de/datenschutz/4650.html.
> Den vollständigen Text der KDO finden Sie im Internet unter http://www.datenschutz-kirche.de/informationen.html.

Die kirchlichen Datenschutzregelungen gelten für sämtliche kirchliche Einrichtungen, also nicht nur für die öffentlich-rechtlichen Religionsgemeinschaften im engeren Sinn, sondern auch für die mit ihnen verbundenen Organisationen und Einrichtungen, also z.B. auch die kirchlichen bzw. kirchennahen Wohlfahrtsorganisationen (Caritasverband, Diakonisches Werk). 32

Inhaltlich unterscheiden sich die kirchlichen Datenschutzvorschriften von den Datenschutzvorschriften des BDSG (für die Bundesbehörden und den privaten Bereich) bzw. von Landesdatenschutzgesetzen (für die Landes- und Kommunalbehörden) kaum. Auf Grund der sehr großen Nähe zu den gesetzlichen Datenschutzvorschriften des öffentlichen Bereichs (BDSG und Landesdatenschutzgesetze) wird im Folgenden auf spezifische Datenschutzbestimmungen der Kirchen nicht eingegangen. 33

„Datenschutz" im Strafrecht

Eigentlich außerhalb des Datenschutzrechts, inhaltlich aber als Teil dessen, findet sich im Strafrecht mit § 203 StGB eine Vorschrift über eine persönliche Datengeheimhaltungspflicht. 34

> Den vollständigen Text des StGB finden Sie im Internet unter
> http://bundesrecht.juris.de/aktuell.html > S > StGB oder
> http://bundesrecht.juris.de/stgb/index.html.

Die Datengeheimhaltungspflicht nach § 203 StGB richtet sich nur an bestimmte Personen (Abs. 1 nennt bestimmte Berufsgruppen, Abs. 2 bestimmte Personen im öffentlichen Dienst – vgl. dazu im Einzelnen Rz. 66). Diese sind im Hinblick auf die besonderen Inhalte ihrer Tätigkeit und ihrer Berufe jeweils **persönlich verpflichtet,** Geheimnisse der von ihnen betreuten Personen nach Maßgabe der entsprechenden Geheimhaltungsvorschriften zu wahren. Sollten sie gegen diese Pflicht rechtswidrig und schuldhaft verstoßen, droht ihnen eine Geld- oder Freiheitsstrafe bis zu einem Jahr. 35

2.3.2 Für Sozialleistungsträger geltende Regelungen: Datenschutz im Sozialrecht

Allgemein für alle Sozialleistungsträger: SGB I und SGB X

36　Die besondere Schutzbedürftigkeit von Sozialdaten wird für alle Sozialleistungsträger bereits in § 35 SGB I (vgl. dazu Rz. 3) anerkannt. Konkretere Vorgaben, wie genau dieser Schutz zu verwirklichen ist, finden sich im Sozialgesetzbuch zum Verfahren, in §§ 67–85a SGB X.

> Den vollständigen Text des SGB I finden Sie im Internet unter
> http://bundesrecht.juris.de/aktuell.html > S > SGB 1 oder
> http://www.gesetze-im-internet.de/sgb_1/index.html.
> Den vollständigen Text des SGB X finden Sie im Internet unter
> http://bundesrecht.juris.de/aktuell.html > S > SGB 10 oder
> http://www.gesetze-im-internet.de/sgb_10/index.html.

37　Diese Vorschriften gelten für alle Sozialleistungsträger und ihre Mitarbeiter/-innen, im Arbeitsfeld der Frühen Hilfen müssen sich deshalb sehr viele Beschäftigte an diese halten. Welche Schutzbereiche sich aus §§ 35 SGB I, 67–85a SGB X ergeben und welche Folgen dies für die konkrete Arbeit hat, zeigen die folgenden Kapitel.

Für die Kinder- und Jugendhilfe: SGB VIII

38　Für den Bereich der öffentlichen Kinder- und Jugendhilfe enthält das SGB VIII in den §§ 61–68 besondere Vorschriften zum Datenschutz, die zu den allgemeinen Bestimmungen des Sozialdatenschutzes (§§ 35 SGB I, 67–85a SGB X) hinzutreten.

> Den vollständigen Text des SGB VIII finden Sie im Internet unter
> http://bundesrecht.juris.de/aktuell.html > S > SGB 8 oder
> http://www.gesetze-im-internet.de/sgb_8/index.html.

> *Bsp.:* Im Arbeitsfeld der Frühen Hilfen müssen sich z.B. die Mitarbeiter/-innen aus Familienberatungsstellen an die Vorschriften des SGB VIII halten.

Welche strengeren Schutzvorgaben sich aus §§ 61–68 SGB VIII ergeben und welche Folgen dies für die konkrete Arbeit hat, zeigen wiederum die folgenden Kapitel.

Für das Gesundheitswesen

Im Bereich des Gesundheitswesens wirken verschiedene Vorschriften zusammen. Am präsentesten im Bewusstsein ist wohl die Schweigepflicht nach § 203 Abs. 1 StGB, die sich in Nr. 1 an die Berufsgruppen „Arzt, Zahnarzt, Tierarzt, Apotheker oder Angehörige […] eines anderen Heilberufs, der für die Berufsausübung oder die Führung der Berufsbezeichnung eine staatlich geregelte Ausbildung erfordert" richtet. § 203 StGB schließt allerdings nicht die allgemeinen Datenschutzvorgaben des BDSG, DSG MV bzw. im Bereich der Sozialleistungsträger des Gesundheitswesens die allgemeinen Vorgaben des SGB X aus. Es handelt sich vielmehr um Normkomplexe, die parallel anwendbar sind. **39**

> *Bsp.:* Aus dem Gesundheitswesen sind im Arbeitsfeld der Frühen Hilfen einerseits Sozialleistungsträger (also z.B. regionale Gesundheitsämter, staatliche Sucht- oder Schwangerenkonfliktberatungsstellen), andererseits aber auch nicht-staatliche „Private" (z.B. niedergelassene Ärzte, freiberuflich tätige Hebammen) tätig. Während alle dem strafrechtlichen Geheimnisschutz des § 203 Abs. 1 StGB unterliegen, gelten für erstere zudem die Datenschutzvorschriften des SGB X, für letztere zumeist auf Grund der Nutzung von Datenverarbeitungsprogrammen die des BDSG (§ 27 Abs. 1 Nr. 1 BDSG).

Hinsichtlich der allgemeinen Vorgaben ist jedoch zu beachten, dass Angaben über die Gesundheit zu den besonderen personenbezogenen Daten gem. § 3 Abs. 9 BDSG und § 67 Abs. 12 SGB X gehören, für die strengere Regelungen zur Erhebung, Verwendung und auch Übermittlung gelten (so z.B. §§ 13 Abs. 2, 16 Abs. 1 Nr. 2 **40**

Satz 2 oder 28 Abs. 7 und 8 BDSG). Daneben gibt es im Gesundheitswesen einige spezielle Datenschutzvorgaben.

So finden sich im dritten Abschnitt des Krankenhausgesetzes MV (§§ 14ff. LKHG MV) spezielle datenschutzrechtliche Vorgaben für alle Krankenhäuser in Mecklenburg-Vorpommern.

Für den Bereich der Frühen Hilfen im Gesundheitswesen besonders relevant sind Meldepflichten im Zusammenhang mit der Durchführung der Vorsorgeuntersuchungen U1–U9/J1 gem. § 15b Gesetz über den Öffentlichen Gesundheitsdienst im Land Mecklenburg-Vorpommern (ÖGDG MV, vgl. dazu näher Rz. 92a).

Den vollständigen Text des LKHG MV finden Sie im Internet unter http://www.landesrecht-mv.de > Gesetze/Verordungen > Suche: Datenschutzgesetz oder http://www.landesrecht-mv.de/jportal/portal/page/bsmvprod.psml?showdoccase=1&doc.id=jlr-LKHGMVrahmen&doc.part=X&doc.origin=bs&st=lr
Den vollständigen Text des ÖGDG MV finden Sie im Internet unter http://www.landesrecht-mv.de > Gesetze/Verordungen > Suche: Öffentlicher Gesundheitsdienst oder
http://www.landesrecht-mv.de/jportal/portal/page/bsmvprod.psml?doc.id=jlr-%C3%96GDGMVrahmen&st=lr&showdoccase=1&paramfromHL=true#focuspoint

---

41 Zudem finden sich Datenschutzvorschriften in den verschiedenen **Berufsordnungen** der im Gesundheitswesen tätigen Berufsgruppen. Für das Arbeitsfeld der Frühen Hilfen sind dabei in erster Linie die Berufsordnungen der Ärzte sowie der Hebammen relevant. Diese Berufsordnungen greifen wiederum die strafrechtliche Schweigepflicht auf und bewirken letztlich, dass ein Verstoß gegen die Schweigepflicht auch berufsrechtswidrig ist und berufsgerichtliche Sanktionen nach sich ziehen kann. So nehmen § 9 der Muster-Berufsordnung für die deutschen Ärztinnen und Ärzte (MBO-Ä) in Abs. 1 und 2 bzw. ein Teil der Berufsordnungen für Hebammen und Entbindungspfleger (z.B. § 4 HebBO MV) explizit Bezug auf den Geheimnisschutz in § 203 StGB und verpflichten sowohl Ärzte/Ärztinnen wie Hebammen hierauf. In § 4 HebBO MV fehlt dieser explizite Bezug, inhaltlich entspricht die Verpflichtung jedoch diesem Schutz (vgl. Rz. 66 ff.).

Den vollständigen Text der (Muster-)Berufsordnung für die deutschen Ärzte/Ärztinnen finden Sie im Internet unter http://www.bundesaerztekammer.de/page.asp?his=1.100.1143, die Fassungen für die mecklenburg-vorpommerischen Ärzte/Ärztinnen unter http://www.aek-mv.de/upload/file/aerzte/Recht/Rechtsquellen/Berufsordnung.pdf. Den vollständigen Text der Berufsordnung für Hebammen und Entbindungspfleger (HebBO MV) finden Sie im Internet unter http://www.landesrecht-mv.de/jportal/portal/page/bsmvprod.psml?showdoccase=1&doc.id=jlr-HebBOMVrahmen&doc.part=X&doc.origin=bs&st=lrt .

2.3.3 Für Schulen geltende Regelungen: Datenschutz im Schulrecht

Auch im mecklenburg-vorpommerischen Schulrecht finden sich spezielle Datenschutzvorschriften (§§ 70–72 SchulG MV). Diese gelten ergänzend zu den allgemeinen Vorschriften des BDSG und des DSG MV (vgl. Rz. 30). Da es meist um personenbezogene Daten von Schüler/-innen bzw. ihren Eltern oder Personensorge-/Erziehungsberechtigten geht, ist § 70 SchulG MV einschlägig. Diese sehr umfangreiche Bestimmung regelt den Datenschutz im Grunde entsprechend den allgemeinen Grundsätzen.

42

Danach dürfen personenbezogene Daten von Schülerinnen und Schülern (sowie deren Erziehungsberechtigten) von Schulen, Schulträgern und Schulbehörden nur erhoben, verarbeitet und genutzt werden, soweit dies zur Erfüllung des Unterrichts- und Erziehungsauftrages nach dem SchulG MV oder anderen Rechtsvorschriften erforderlich ist (§ 70 Abs. 1 SchulG MV). Die personenbezogenen Daten der Schülerinnen, Schüler und ihrer Erziehungsberechtigten dürfen einer Schule, der Schulbehörde und dem Schulträger übermittelt werden, soweit sie von diesen Stellen wiederum zur Erfüllung ihrer Aufgaben benötigt werden (§ 70 Abs. 2 S. 1 SchulG MV). Die Übermittlung an andere öffentliche Stellen – z.B. das Jugendamt oder Gesundheitsamt – ist zulässig, wenn diese zur Erfüllung einer gesetzlichen Aufgabe erforderlich ist, ein Gesetz sie erlaubt oder der Betroffene im Einzelfall eingewilligt hat (§ 70 Abs. 1 S. 2 SchulG MV)

Diese Regelung wird ergänzt durch die Verordnung zum Umgang mit personenbezogenen Daten der Schüler und Erzie-

43

hungsberechtigten (Schuldatenschutzverordnung – SchulDSVO MV)[2].

> Den vollständigen Text des SchulG MV finden Sie im Internet unter http://www.schulwesen-mv.de/schulgesetz-m-v/index.html.
> Den vollständigen Text der SchulDSVO MV finden Sie im Internet unter http://www.schulwesen-mv.de/vo/voschuldatenschutz.php

44 Klarstellend sei an dieser Stelle darauf hingewiesen, dass die unter Rz. 36 ff. genannten sozialrechtlichen Datenschutznormen für Schulen nicht gelten, da sie keine Sozialleistungsträger sind. Anders ist es dort, wo im schulischen Rahmen Mitarbeiter/-innen von Sozialleistungsträgern tätig sind. So ist es z.B. möglich, dass an einer offenen Ganztagsschule ein freier Träger der Kinder- und Jugendhilfe das nachmittägliche, außerschulische Betreuungsangebot organisiert und durchführt. Jedenfalls dann, wenn dieser das Nachmittagsangebot in alleiniger Verantwortung organisiert, sind unzweifelhaft die Vorschriften des SGB VIII, SGB I und X anwendbar (vgl. Rz. 36, 38). Bei den in der Praxis zu erwartenden Mischformen, bei denen die Verantwortung für den nachmittäglichen Bereich zwischen Schule und Jugendhilfe geteilt wird, ist es rechtlich kompliziert (zur Frage, wann eine interdisziplinäre Kooperation als eine funktionale Stelle verstanden werden kann, vgl. Rz. 56). Da die jugendhilferechtlichen strenger als die schulrechtlichen Datenschutzvorschriften sind, sollten sich Mitarbeiter/-innen einer OGS, die in einer solchen Mischform organisiert ist, sicherheitshalber an die jugendhilferechtlichen Vorschriften halten, da anderenfalls unklar ist, ob sie nicht die für sie geltenden Schutzvorschriften unterschreiten. Das bedeutet, dass Mitarbeiter/-innen von Sozialleistungsträgern oder freien Trägern (vgl. Rz. 84) der OGS mit Lehrer/-innen über Belange bzgl. Schüler/-innen nur sprechen dürfen, wenn sie die für die Jugendhilfe geltenden Vorschriften über die Informationsweitergabe (Rz. 80 ff.) beachten. Zur Datenweitergabe durch die Schule vgl. auch Rz. 94 ff.

---

2   Verordnung vom 15.1.2000, GVOBl. MV 2000, S. 61.

3 Die Schutzbereiche Erhebung, Speicherung, Nutzung

Der Datenschutz will grundsätzlich alle Bereiche, die für den 45 Schutz personenbezogener Daten relevant sind, so gestalten, dass eine hinreichende Sicherheit gegeben ist. Deswegen sind von Beginn, also von der Datenerhebung, bis zur Löschung der Daten entsprechende Regelungen vorhanden. Der im Zusammenhang mit den Frühen Hilfen sicherlich wichtigste Bereich ist der der Datenübermittlung (der deswegen gesondert und ausführlich im Kap. 4 behandelt wird). Hier wird aber auch kurz auf andere wichtige Phasen des Datenschutzes, nämlich die Erhebung, die Speicherung und die Nutzung eingegangen.

Der Schutz der Daten beginnt mit der **Datenerhebung:** 46
- allgemein: §§ 4, 13, 28 Abs. 1 BDSG, 9 DSG MV;
- für alle Sozialleistungsträger: § 67a SGB X;
- für die Jugendhilfe: § 62 SGB VIII;
- im Gesundheitswesen: § 15 LKHG MV (für Patientendaten im Krankenhaus);
- für die Schulen: § 70 Abs. 1 SchulG MV.

Aus diesen Regelungen ergibt sich, dass **Sozialdaten nur erho-** 47 **ben** werden dürfen, wenn die Kenntnis dieser Information für die Erfüllung der jeweiligen Aufgabe **erforderlich ist** (Erforderlichkeitsgrundsatz – Rz. 13). Welche Informationen erforderlich sind (man also braucht), ist unterschiedlich.

> **Bsp.:** *Für die Beurteilung eines Rechtsanspruches auf einen Kindergartenplatz (§ 24 SGB VIII) braucht man nur Informationen über das Lebensalter des Kindes, da erzieherische Aspekte o.ä. keine Rolle spielen. Bei den Hilfen zur Erziehung (§ 27 SGB VIII) braucht man sicher mehr Informationen, um beurteilen zu können, ob alle Voraussetzungen vorliegen und welches die geeignete und notwendige Hilfe zur Erziehung ist. Wenn es um die Frage geht, ob bei kleinen Kindern Eingliederungshilfen für seelisch behinderte Kinder (nach § 35a SGB VIII) erforderlich sind, ist klar, dass auch Informationen über die „Abweichung der seelischen Gesundheit" (vgl. § 35a Abs. 1a SGB VIII) im Detail erforderlich sind.*

48   Bei der Datenerhebung ist der in § 4 Abs. 2 BDSG (allgemein), § 67a Abs. 2 SGB X (für alle Sozialleistungsträger) bzw. in § 62 Abs. 2 SGB VIII (nochmals für die Träger der Kinder- und Jugendhilfe) genannte Grundsatz besonders wichtig, dass die Daten grundsätzlich **beim Betroffenen zu erheben sind.** Wegen dieses Grundsatzes sind alle in § 67a Abs. 4, 5 SGB X bzw. in § 62 Abs. 3 SGB VIII genannten möglichen **Ausnahmen,** die Sozialleistungsträgern erlauben Daten ohne Einwilligung des Betroffenen bei Dritten zu erheben, **eng auszulegen.**

Bsp.: So lässt § 62 Abs. 3 Nr. 2d SGB VIII die Datenerhebung ohne Mitwirkung der Betroffenen dann zu, wenn dies zur Erfüllung des Schutzauftrags nach § 8a SGB VIII erforderlich ist: In diesen Fällen kann etwa das Jugendamt Informationen bei Beratungsstellen, Kinderärzten, Schule usw. einholen (in einem zweiten Schritt ist allerdings zu prüfen, ob bzw. inwiefern diese befugt sind, die Informationen weiterzugeben – dies ergibt sich aus den für diese Personengruppen maßgeblichen Datenschutzvorschriften zur Datenweitergabe, vgl. dazu z.B. für Personen des Gesundheitswesens Rz. 91 ff.).

---

49   Wenn Daten erhoben sind, werden sie häufig gespeichert. Geregelt ist die **Speicherung:**
*   allgemein: §§ 14, 29, 30 BDSG, 11 DSG MV;
*   für alle Sozialleistungsträger: § 67c SGB X;
*   für die Jugendhilfe: § 63 SGB VIII;
*   für das Gesundheitswesen: § 15 LKHG MV (für Patientendaten im Krankenhaus);
*   für die Schulen: § 3 Abs. 3–5 SchulDSVO MV (Schülerstammblatt, sonstiger Datenbestand).

50   Unter den Begriff Speichern fällt jede Form des Festhaltens einer Information zum Zweck der weiteren Verwendung. Zu den Speichermedien zählt jede Form von Datenträgern manuell nutzbarer Medien, z.B. jede Notiz, jeder Zettel, jede Akte, jede Karteikarte, natürlich jeder elektronisch steuerbare Datenträger. Auch bei der Datenspeicherung gilt der Grundsatz der **Erforderlichkeit** (dazu Rz. 13). Es ist also bei der Speicherung erneut zu prüfen, ob die Speicherung der Daten ebenfalls für die Aufgabenerfüllung erforderlich ist.

Im Speichern von Daten können zusätzliche Gefahren für das **51** informationelle Selbstbestimmungsrecht liegen; § 63 Abs. 2 SGB VIII greift eine davon besonders auf. Er schreibt nämlich ausgehend vom Zweckbindungsgrundsatz (vgl. Rz. 14) vor, dass Informationen, die für unterschiedliche Aufgaben der Jugendhilfe erhoben worden sind, auch bei der Speicherung **grundsätzlich nicht zusammengeführt** werden dürfen, sondern nur dann, wenn die Zusammenführung für die Aufgabenerfüllung erforderlich ist. Damit soll verhindert werden, dass ein dichtes und vernetztes Bild von Persönlichkeiten entsteht.

> **Bsp.:** *Erfolgt Beratung und Unterstützung für Alleinerziehende nach § 18 SGB VIII, so dürfen die hier festgehaltenen Daten nicht einfach mit einem parallel laufenden Fall der Hilfe zur Erziehung zusammengefügt werden. Informationen, die hier für die Hilfe zur Erziehung notwendig sind, müssen ggf. neu erhoben werden, oder die Betroffenen stimmen zu, dass die Daten der Beratung und Unterstützung nach § 18 SGB VIII hier verwandt werden.*

In der Regel ist der nächste Schritt die **Datennutzung,** auch diese **52** ist geregelt:
- allgemein: §§ 4, 14, 28 BDSG, 10 DSG MV;
- für alle Sozialleistungsträger: §§ 67b, 67c SGB X;
- für die Jugendhilfe: § 64 Abs. 1 SGB VIII;
- für das Gesundheitswesen: §§ 16 Abs. 1 LKHG MV;
- für die Schulen: § 70 SchulG MV.

Die Datennutzung ist eine Art der Verwendung der einmal erhobenen Daten, sie ist (z.B. in §§ 3 Abs. 5 BDSG, 3 Abs. 2 Nr. 7, 67 Abs. 7 SGB X) definiert als jede Verwendung von Sozialdaten, sofern es sich nicht um eine Verarbeitung handelt, die wiederum in §§ 3 Abs. 4 BDSG, 67 Abs. 6 SGB X definiert ist. Sie unterscheidet sich von der **Datenübermittlung** (vgl. Kap. 4) insbesondere dadurch, dass die „Weitergabe innerhalb der verantwortlichen Stelle" eine Datennutzung ist (insofern ganz ausdrücklich § 67 Abs. 7 SGB X), während die Weitergabe an Dritte, also an Personen oder Institutionen außerhalb der verantwortlichen Stelle, eine Datenübermittlung ist (dazu im Einzelnen Kap. 4). **53**

54 Von daher ist von Bedeutung, wie der Begriff **verantwortliche Stelle** zu verstehen ist. Insbesondere ist fraglich, wann eine größere Organisationseinheit als eine Stelle und wann als eine Verbindung verschiedener Stellen anzusehen ist. Verantwortliche Stelle ist nach §§ 3 Abs. 7 BDSG, 3 Abs. 3 und 67 Abs. 9 Satz 1 SGB X jede Person oder Stelle, die personenbezogene Daten für sich selbst erhebt, verarbeitet oder nutzt bzw. dies durch andere im Auftrag vornehmen lässt. Für den Sozialdatenschutz stellt § 67 Abs. 9 Satz 2 SGB X zudem klar, dass bei Gebietskörperschaften (also den Trägern der Kinder- und Jugendhilfe und zum Teil der Gesundheitshilfe) nicht die Gebietskörperschaft als solche die verantwortliche Stelle ist, sondern die Organisationseinheit, die eine Aufgabe nach dem besonderen Teil des SGB funktional durchführt. Damit gilt der **funktionale Stellenbegriff.** Innerhalb einer großen Organisationseinheit ist also jede Untereinheit als Stelle anzusehen, die eine Aufgabe z.B. nach dem SGB VIII funktional durchführt, ohne dass es auf die funktionale Verselbstständigung ankommt. Eine solche ausdrückliche Klarstellung fehlt für das BDSG und DSG MV. Auch hier ist aber der Stellenbegriff funktional auszulegen, um das Ziel eines möglichst umfassenden Datenschutzes nicht zu unterlaufen.

Bsp.: Dementsprechend ist nicht die Organisationseinheit Jugendamt oder eine Abteilung des Jugendamts als Ganzes bzw. ein Krankenhaus oder auch eine Schule als Ganzes die verantwortliche Stelle, sondern die Organisationseinheit im Jugendamt, Krankenhaus oder der Schule, die nach dem jeweiligen Geschäftsverteilungsplan für die Erfüllung der konkreten Einzelaufgabe (intern) zuständig ist. Solche Einzelaufgaben können z.B. bezogen auf das Jugendamt die Entscheidungen über die Leistungen der Hilfen zur Erziehung, die Inobhutnahme oder auch die Mitwirkung im gerichtlichen Verfahren, bezogen auf eine Schule z.B. die Lehrer einer Klasse oder in einer Ganztagsschule die pädagogischen Betreuer einer Gruppe der Nachmittagsbetreuung sein. Die funktionale Einheit schließt die Bearbeitung eines Einzelfalls im Team, die Bearbeitung durch Mitarbeiter in der sogenannten wirtschaftlichen Jugendhilfe, im Schreibbüro, in der Registratur usw. ein. Wenn aber Informationen über diese funktionale Einheit hinaus verwendet werden sollen, liegt keine Nutzung mehr vor, sondern eine Weitergabe, eine Übermittlung von Daten.

Aber auch bei der Datennutzung sind bestimmte **Schranken** zu 55
beachten. Eine besondere Regelung enthält z.B. § 70 Abs. 3 S. 2
SchulG MV, wonach die Nutzung von Daten über besondere pädagogische, soziale oder therapeutische Maßnahmen nur dann erlaubt
ist, falls besondere schulische Betreuung in Betracht kommt. Für
den Bereich der Kinder- und Jugendhilfe sieht z.B. § 65 SGB
VIII vor, dass Sozialdaten, die einem Mitarbeiter des Trägers der
öffentlichen Jugendhilfe zum Zwecke persönlicher und erzieherischer Hilfe anvertraut worden sind, nur unter den besonderen
Voraussetzungen des § 65 Abs. 1 SGB VIII weitergegeben werden
können. Die Weitergabe anvertrauter Daten ist z.B. erlaubt (gem.
§ 65 Abs. 1 Nr. 4 SGB VIII) an Fachkräfte, die zum Zwecke der
Abschätzung des Gefährdungsrisikos nach § 8a SGB VIII hinzuge-
zogen werden oder (gem. § 65 Abs. 1 Nr. 5 SGB VIII) unter den
Voraussetzungen, unter denen auch eine nach § 203 Abs. 1 oder 3
StGB genannte Person zur Weitergabe befugt wäre (vgl. Rz. 58 ff.).
Andererseits dürfen z.B. nach § 64 Abs. 3 SGB VIII aber alle
Daten in der Jugendhilfe zu Planungszwecken verwendet werden –
sie müssen hierfür jedoch unverzüglich anonymisiert werden.

Bsp.: *Soll innerhalb einer großen Kindertagesstätte über konkrete Anhaltspunkte hinsichtlich der Gefährdung eines bestimmten Kindes im Sinne des § 8a SGB VIII gesprochen werden, wäre
die Verwendung der Informationen innerhalb des Teams, das die
Gruppe des Kindes betreut, eine Datennutzung. Soll zu der Beratung aber beispielsweise eine vom Träger der Kita besonders qua-
lifizierte Fachkraft hinzugezogen werden, handelt es sich um eine
Datenübermittlung. Diese wäre jedoch auch hinsichtlich anvertrauter und damit besonders geschützter Daten gem. § 65 Abs. 1
Nr. 4 SGB VIII zulässig. Wäre hingegen der Anlass der Beratung keine Kindeswohlgefährdung, sondern eine Sorge „unterhalb"
dieses Bereichs (z.B. eine noch ungefährliche, aber bereits merk-
bare Entwicklungsverzögerung), ist keine entsprechende gesetzliche
Befugnis zur Übermittlung der Daten an die externe Fachkraft
gegeben. Die Gruppenbetreuer müssten sich daher gegenüber den
Eltern um eine Einwilligung (vgl. dazu Rz. 59 ff.) hinsichtlich der
Beratung bemühen, was auch fachlich eine gute Gelegenheit wäre,
diese einzubeziehen.*

56 Bei Frühen Hilfen, wo es verschiedene **Kooperationsformen inter-disziplinärer Zusammenarbeit** gibt, stellt sich demgemäß die Frage, ob diese Kooperationskreise „neue funktionale Stellen" oder (nur) interdisziplinäre Verbünde unterschiedlicher Professionen sind. Sofern es sich in diesen Fällen nicht um eine rechtlich verbindliche, organisatorisch gesondert installierte Form handelt (mit entsprechenden personalrechtlichen und haushaltsrechtlichen Konsequenzen) – was uns aus der Praxis nicht bekannt ist –, handelt es sich nicht um eine „funktionale Stelle", sondern eben nur um einen Projektverbund usw., so dass der Informationsaustausch in diesen Fällen stets eine Datennutzung mit entsprechender Datenweitergabe ist und somit die entsprechenden Vorschriften berücksichtigt werden müssen (vgl. zur Konsequenz für OGS Rz. 44).

4 Der zentrale Schutzbereich Datenweitergabe

Für die rechtliche Zulässigkeit der Übermittlung von Daten ist 57
einerseits erforderlich, dass die „anfragende" Stelle die Daten so
erheben (und damit implizit vom Grundsatz der Erhebung beim
Betroffenen abweichen, vgl. Rz. 11 f.) darf, und die „antwortende"
Stelle befugt ist, die Daten weiterzugeben.

4.1 Allgemeine Hinweise

Die Weitergabe von Daten ist eine besondere Form der Daten- 58
verwendung: die Verwendung zu einem Zweck, zu dem sie regelmäßig nicht erhoben worden sind. Das erklärt, warum die Datenweitergabe schon immer besondere Aufmerksamkeit gefunden hat
und deswegen bereits 1980 in §§ 67 ff. SGB X geregelt wurde.
Noch älter ist der ja nicht unter der Überschrift von Datenübermittlung firmierende § 203 StGB, der aber inhaltlich ebenfalls
den Schutz fremder Geheimnisse sicherstellen will. Wegen der
besonderen Bedeutung der Datenweitergabe und der Datenübermittlung finden sich in den Spezialregelungen regelmäßig weitere,
zum Teil sich wiederholende, zum Teil detaillierte Bestimmungen
zur Datenübermittlung:
- allgemein: §§ 4b und 14, 15, 16 (durch öffentliche Stellen) oder
  28, 29, 30 (durch nicht öffentliche Stellen und öffentlich-rechtliche Wettbewerbsunternehmen) BDSG, §§ 14–16 DSG MV;
- für alle Sozialleistungsträger: §§ 67 bis 77 SGB X;
- für die Kinder- und Jugendhilfe: §§ 64, 65 SGB VIII;
- im Gesundheitswesen: §§ 16 Abs. 2-4, 17 LKHG MV;
- für die Schulen: § 70 Abs. 2 SchulG MV; §§ 4, 5 SchulDSVO
  MV.

Sinn dieser Regelungen ist es, den besonders sensiblen Bereich 59
der Datenübermittlung so zu regeln, dass einerseits der Schutz
des informationellen Selbstbestimmungsrechts gewährleistet ist
und andererseits dort, wo ausdrückliche Regelungen bestehen, die
Informationsweitergabe möglich ist.

„Königsweg": Einwilligung der Betroffenen

60   Der „Königsweg" der befugten Übermittlung von Daten ist die
Einwilligung der Betroffenen (§§ 4a BDSG, 8 DSG MV, 67b
Abs. 2 SGB X). Es handelt sich hierbei um eine Zustimmung des
Betroffenen, die ohne Zwang („freiwillig"), für den konkreten
Fall und in Kenntnis der Sachlage erfolgen muss. Sie kann jederzeit für die Zukunft widerrufen werden. Die um eine Einwilligung bittende Stelle hat die Pflicht, die Betroffenen über die Folgen der Erklärung aufzuklären. Einwilligungserklärungen bedürfen
grundsätzlich der **Schriftform.** Der Text muss den Namen der ein-
willigenden Person, der die Daten erhebenden sowie der weiter-
gebenden Stelle sowie den Fragebereich enthalten. Pauschaleinwil-
ligungen („Ich erkläre mich mit jeder Übermittlung meiner Daten
einverstanden") reichen nicht aus. Grundsätzlich gilt: Je stärker
durch die Datenabfrage in das Persönlichkeitsrecht der Betroffenen eingegriffen wird, d.h. je sensibler und privater die abgefrag-
ten Daten sind, desto bestimmter muss auch der Text der Erklärung sein.

> *Da Einwilligungserklärungen sich stets spezifisch auf den konkre-
> ten Einzelfall beziehen sollten und im Bereich der Frühen Hilfen
> eine Vielzahl von Konstellationen für Einwilligungserklärungen
> denkbar ist, wird hier bewusst* **kein Vorschlag einer Muster-
> erklärung** *gemacht.*

Nur in Ausnahmefällen darf auf die Schriftform der Einwilligung
verzichtet werden, wenn auf Grund besonderer Umstände eine
andere Form angemessen ist.

> **Bsp.:** *Auf die Schriftform der Einwilligung kann z.B. verzichtet
> werden, wenn die Betroffenen selbst um einen aufklärenden Anruf
> bei der anderen Stelle bitten und während des Telefonats (für
> etwaige Rückfragen) im Raum bleiben.*

61   Auch hier decken sich die Datenschutzprinzipien mit einem
modernen sozialrechtlichen Handlungsverständnis: Stehen die
Bürger tatsächlich im Mittelpunkt der Leistungserbringung, so
versteht es sich von selbst, dass sie gefragt werden, wenn Infor-

mationen, die von ihnen stammen, weitergegeben werden sollen. Wichtig ist, dass die einwilligende Person nach ihrer geistigen und sittlichen Reife **einsichtsfähig,** also in der Lage ist, die Tragweite ihrer Einwilligungsentscheidung zu überblicken. Grundsätzlich können auch **Minderjährige** in die Weitergabe ihrer Daten einwilligen (BVerfGE 9.2.1982 – 1 BvR 845/79 – E 59, 360 ff.). Ob sie jedoch auch konkret einsichtsfähig sind, ist anhand aller Umstände des Einzelfalls zu beurteilen. Dabei sind u.a. Alter und geistige Reife des oder der Minderjährigen, Umfang, Zweck und Sensibilität der erhobenen Daten zu berücksichtigen. Daher gibt z.B. § 70 Abs. 2 Satz 5 SchulG konkret vor: „Minderjährige Schülerinnen und Schüler sind einwilligungsfähig, wenn sie die Bedeutung und Tragweite der Einwilligung und ihre rechtlichen Folgen erfassen können und ihren Willen hiernach zu bestimmen vermögen". Anderenfalls sei die Einwilligung von den Erziehungsberechtigten einzuholen.

Bsp.: Hinsichtlich der komplexen Kooperation, die z.B. zwischen Schule und Jugendhilfe teilweise erforderlich ist, wird in der Regel bei Minderjährigen unter 14 Jahren eine Einsichtsfähigkeit abgelehnt. Ein praktikabler Weg, Kooperationen z.B. im Bereich der OGS möglich zu machen, sind hingegen Einwilligungserklärungen der Eltern, die ggf. auch bereits mit Unterzeichnung des Betreuungsvertrags abgegeben werden können.

Im medizinischen Bereich können sich bestimmte Erkrankungen auf die Einsichtsfähigkeit auswirken. So mag z.B. bei **psychischen Erkrankungen,** die in Schüben auftreten (schwere Depressionen, Schizophrenie), unklar sein, ob der momentan vom Patienten geäußerte Wille mit dem „tatsächlichen, in klarem Zustand vorhandenen" Willen übereinstimmt. Gerade bei länger dauernden Hilfebeziehungen können Einwilligungserklärungen, die spezifisch auf eine solche Situation ausgerichtet sind, Entlastung schaffen. Da grundsätzlich alle Einwilligungserklärungen von den Betroffenen jederzeit widerrufbar sind, sollte bei diesen jedoch besonders darauf geachtet werden, dass sie sehr konkret und bestimmt abgefasst sind. **62**

Fehlt es an einer ausdrücklichen Einwilligung, ist die Übermittlung von Daten nur möglich, wenn die allgemeinen Regelungen des **63**

BDSG, DSG MV oder SGB X bzw. die spezialgesetzlichen Regelungen der einzelnen Gesetze greifen.

Anonymisierung, Pseudonymisierung

64 Eine weitere Möglichkeit, welche eine Datenweitergabe relativ unproblematisch ermöglicht, ist die **Anonymisierung** oder **Pseudonymisierung** der Daten (siehe u.a. §§ 3a Satz 2 BDSG, 64 Abs. 2a SGB VIII). Entsprechend der Definitionen in §§ 3 Abs. 6, 6a BDSG, 3 Abs. 4 Nr. 7, 8 DSG MV, 67 Abs. 8, 8a SGB X ist darunter eine derartige Veränderung der Einzelangaben über persönliche oder sachliche Verhältnisse bzw. das Ersetzen des Namens und anderer Identifikationsmerkmale zu verstehen, dass kein Rückschluss auf die Betroffenen mehr möglich ist.

65 Letztlich handelt es sich bei Daten nach einer Anonymisierung bzw. Pseudonymisierung nicht mehr um personenbezogene Daten, so dass die Vorschriften des Datenschutzes nicht mehr einschlägig sind. Dafür muss allerdings gewährleistet sein, dass ein Rückschluss auf die betreffenden Personen tatsächlich nicht mehr möglich ist.

> *Bsp.: Den Ansprüchen der Anonymisierung bzw. Pseudonymisierung wird nicht genüge getan, wenn in einer Besprechung über Auffälligkeiten eines Kindes den Teilnehmenden, obwohl keine Namen und Einzelheiten genannt werden, trotzdem klar ist, über welche Familie gesprochen wird.*

4.2 Datenweitergabe – Geheimnisschutz § 203 StGB

§ 203 Verletzung von Privatgeheimnissen

(1) Wer unbefugt ein fremdes Geheimnis, namentlich ein zum persönlichen Lebensbereich gehörendes Geheimnis oder ein Betriebs- oder Geschäftsgeheimnis, offenbart, das ihm als

1. Arzt, Zahnarzt, Tierarzt, Apotheker oder Angehörigen eines anderen Heilberufs, der für die Berufsausübung oder die Führung der Berufsbezeichnung eine staatlich geregelte Ausbildung erfordert,
2. Berufspsychologen mit staatlich anerkannter wissenschaftlicher Abschlußprüfung,
3. Rechtsanwalt, Patentanwalt, Notar, Verteidiger in einem gesetzlich geordneten Verfahren, Wirtschaftsprüfer, vereidigtem Buchprüfer, Steuerberater, Steuerbevollmächtigten oder Organ oder Mitglied eines Organs einer Rechtsanwalts-, Patentanwalts-, Wirtschaftsprüfungs-, Buchprüfungs- oder Steuerberatungsgesellschaft,
4. Ehe-, Familien-, Erziehungs- oder Jugendberater sowie Berater für Suchtfragen in einer Beratungsstelle, die von einer Behörde oder Körperschaft, Anstalt oder Stiftung des öffentlichen Rechts anerkannt ist.
4a. Mitglied oder Beauftragten einer anerkannten Beratungsstelle nach den §§ 3 und 8 des Schwangerschaftskonfliktgesetzes,
5. staatlich anerkanntem Sozialarbeiter oder staatlich anerkanntem Sozialpädagogen oder
6. Angehörigen eines Unternehmens der privaten Kranken-, Unfall- oder Lebensversicherung oder einer privatärztlichen, steuerberaterlichen oder anwaltlichen Verrechnungsstelle

anvertraut worden oder sonst bekanntgeworden ist, wird mit Freiheitsstrafe bis zu einem Jahr oder mit Geldstrafe bestraft.

(2) Ebenso wird bestraft, wer unbefugt ein fremdes Geheimnis, namentlich ein zum persönlichen Lebensbereich gehörendes Geheimnis oder ein Betriebs- oder Geschäftsgeheimnis, offenbart, das ihm als

1. Amtsträger,
2. für den öffentlichen Dienst besonders Verpflichteten,
3. Person, die Aufgaben oder Befugnisse nach dem Personalvertretungsrecht wahrnimmt,
4. Mitglied eines für ein Gesetzgebungsorgan des Bundes oder eines Landes tätigen Untersuchungsausschusses, sonstigen Ausschusses oder Rates, das nicht selbst Mitglied des Gesetzgebungsorgans ist, oder als Hilfskraft eines solchen Ausschusses oder Rates,
5. öffentlich bestelltem Sachverständigen, der auf die gewissenhafte Erfüllung seiner Obliegenheiten auf Grund eines Gesetzes förmlich verpflichtet worden ist, oder
6. Person, die auf die gewissenhafte Erfüllung ihrer Geheimhaltungspflicht bei der Durchführung wissenschaftlicher Forschungsvorhaben auf Grund eines Gesetzes förmlich verpflichtet worden ist,

anvertraut worden oder sonst bekanntgeworden ist. Einem Geheimnis im Sinne des Satzes 1 stehen Einzelangaben über persönliche oder sachliche Verhältnisse eines anderen gleich, die für Aufgaben der öffentlichen Verwaltung erfaßt worden sind; Satz 1 ist jedoch nicht anzuwenden, soweit solche Einzelangaben anderen Behörden oder sonstigen Stellen für Aufgaben der öffentlichen Verwaltung bekanntgegeben werden und das Gesetz dies nicht untersagt.

(2a) Die Absätze 1 und 2 gelten entsprechend, wenn ein Beauftragter für den Datenschutz unbefugt ein fremdes Geheimnis im Sinne dieser Vorschriften offenbart, das einem in den Absätzen 1 und 2 Genannten in dessen beruflicher Eigenschaft anvertraut worden oder sonst bekannt geworden ist und von dem er bei der Erfüllung seiner Aufgaben als Beauftragter für den Datenschutz Kenntnis erlangt hat.

(3) Einem in Absatz 1 Nr. 3 genannten Rechtsanwalt stehen andere Mitglieder einer Rechtsanwaltskammer gleich. Den in Absatz 1 und Satz 1 Genannten stehen ihre berufsmäßig tätigen Gehilfen und die Personen gleich, die bei ihnen zur Vorbereitung auf den Beruf tätig sind. Den in Absatz 1 und den in Satz 1 und 2 Genannten steht nach dem Tod des zur Wahrung des Geheimnisses Verpflichteten ferner gleich, wer das Geheimnis von dem Verstorbenen oder aus dessen Nachlaß erlangt hat.

(4) Die Absätze 1 bis 3 sind auch anzuwenden, wenn der Täter das fremde Geheimnis nach dem Tod des Betroffenen unbefugt offenbart.

(5) Handelt der Täter gegen Entgelt oder in der Absicht, sich oder einen anderen zu bereichern oder einen anderen zu schädigen, so ist die Strafe Freiheitsstrafe bis zu zwei Jahren oder Geldstrafe.

Fußnote: § 203 Abs. 1 Nr. 4a: Die anerkannten Beratungsstellen nach § 218b Abs. 2 Nr. 1 StGB stehen den anerkannten Beratungsstellen nach § 3 des Gesetzes über die Aufklärung, Verhütung, Familienplanung und Beratung gleich gem. BVerfGE v. 4.8.1992 I 1585 - 2 BvO 16/92 u. a.

66 Nach ganz anderen Vorschriften als der Datenschutz, nämlich grundsätzlich nach Vorschriften des StGB, richtet sich die **persönliche Geheimhaltungspflicht** von Einzelpersonen. Die dort angesprochenen Personen sind – unabhängig vom Datenschutz – im Hinblick auf die besonderen Inhalte ihrer Tätigkeit und ihrer Berufe jeweils persönlich verpflichtet, Geheimnisse der von ihnen betreuten Personen nach Maßgabe der entsprechenden Geheimhaltungsvorschriften zu wahren. Nach § 203 Abs. 1 StGB sind **bestimmte Berufsgruppen** verpflichtet, Geheimnisse, die ihnen anvertraut oder sonst bekannt geworden sind, nicht unbefugt zu offenbaren. Hierzu gehören z.B. Ärzte, Sozialarbeiter, Sozialpädagogen, Diplom-Psychologen, aber auch Angehörige anderer Heilberufe, bei denen für die Berufsausübung eine staatlich geregelte Ausbildung erforderlich ist. Dies ist z.B. bei Hebammen bzw. Geburtshelfern der Fall, so dass auch für sie der § 203 Abs. 1 StGB gilt. Maßgeblich ist nur, ob jemand Angehöriger der dort

genannten Berufsgruppen ist, ob er hingegen bei einem öffentlichen Träger, Sozialleistungsträger o.Ä. beschäftigt oder z.B. freiberuflich tätig ist, ist grundsätzlich irrelevant. Der Begriff „**Geheimnis**" umfasst – vergleichbar zum Datenschutz – Tatsachen, die nur einem beschränkten Personenkreis bekannt (geworden) sind und an deren Geheimhaltung der Betroffene von seinem Standpunkt aus ein Interesse hat (vgl. dazu ausführlicher Rz. 16). § 203 Abs. 3 StGB erstreckt diese Verpflichtung auf ihre berufsmäßig tätigen Gehilfen (z.B. Büro- und Schreibkräfte, Zivildienstleistende) und auf andere Personen, die bei ihnen zur Vorbereitung auf den Beruf tätig sind (Auszubildende, Praktikanten).

§ 203 Abs. 2 StGB verpflichtet die dort genannten, im **öffentlichen Dienst** stehenden Personen in gleicher Weise zur Geheimhaltung fremder Geheimnisse. Wer ein Amtsträger ist, ist in § 11 Abs. 1 Nr. 2 StGB, wer ein für den öffentlichen Dienst besonders Verpflichteter ist, ist in § 11 Abs. 1 Nr. 4 StGB geregelt. Auf dies Zugehörigkeit zu einer bestimmten Berufsgruppe kommt es im Unterschied zu Abs. 1 nicht an, allerdings ist es bei Einzelpersonen möglich, dass es zur „Doppelung" der Strafbewehrten Schweigepflicht kommt: Jemand kann z.B. als staatlich anerkannter Sozialarbeiter oder Sozialpädagoge, als Arzt usw. sowohl nach § 203 Abs. 1 StGB als auch zugleich nach § 203 Abs. 2 StGB, wenn er im öffentlichen Dienst Amtsträger oder dort besonders Verpflichteter ist, verpflichtet sein, Privatgeheimnisse zu wahren.

67

> *Bsp.: Von den Personen, die im Bereich der Frühen Hilfen beschäftigt sind, sind viele – aber längst nicht alle – dem Geheimnisschutz des § 203 StGB unterworfen. Erfasst sind z.B. im Bereich der Kinder- und Jugendhilfe staatlich anerkannte Sozialarbeiter/-innen/Sozialpädagogen/-pädagoginnen ebenso wie Berufspsychologinnen und -psychologen, im Bereich des Gesundheitsdienstes Ärzte/Ärztinnen sowie Hebammen und Entbindungspfleger oder im Bereich der Schulen Lehrer/-innen, die in ihrer Schule in einer offiziellen Beratungsfunktion der Eltern/Schülerinnen und Schüler eingesetzt werden. Auch für sie gilt nach den oben beschriebenen Grundsätzen kein absoluter Geheimnisschutz. Natürlich dürfen Sie Informationen weitergeben, nachdem sie von ihrer Schweigepflicht durch die Betroffenen entbunden wurden. Sie sind zur Weitergabe geheimer Informationen aber auch ohne eine solche Entbindung jedenfalls dann befugt, wenn sie eine Gefährdung für das Leben oder die Gesundheit des Kindes sehen.*

68 Unterschiede bestehen aber hinsichtlich der Befugnis zur Informationsweitergabe:

- Die Personen, die unter § 203 Abs. 1 StGB fallen, können befugt ein fremdes Geheimnis nur weitergeben, wenn sie nach strafrechtlichen Grundsätzen des StGB „befugt" sind (vgl. dazu Rz. 69);
- im Falle des § 203 Abs. 2 StGB reicht dagegen bereits eine Übermittlungsbefugnis nach den sozialrechtlichen Bestimmungen des SGB X bzw. nach den Regelungen der spezialgesetzlichen Sozialleistungen.

> *Bsp.: Solche finden sich z.B. im SGB VIII (vgl. dazu Rz. 79 ff.).*

69 Liegt eine sogenannte Offenbarungsbefugnis vor, ist die Preisgabe von Geheimnissen auch nach strafrechtlichen Grundsätzen gerechtfertigt, also **befugt.** Im Wesentlichen sind hierbei drei Fallgruppen zu unterscheiden:

- **Einwilligung:** Hat der Betroffene in die Datenweitergabe eingewilligt (vgl. dazu Rz. 60), handelt es sich dabei um eine Entbindung von der Schweigepflicht.
- **gesetzliche Offenbarungspflichten:** Es gibt eine Vielzahl gesetzlicher Offenbarungspflichten. Diese reichen jedoch nur so weit, wie der Gesetzeszweck es jeweils erfordert.

> *Bsp.: Solche Pflichten enthält z.B. das Infektionskrankheitengesetz, das das Bundesseuchengesetz und das Geschlechtskrankheitengesetz mit den dort enthaltenen Meldepflichten ablöste. Die Pflicht zur Anzeige bevorstehender Straftaten besteht nur, soweit diese im Katalog des § 138 StGB erwähnt sind (u.a. Mord, Totschlag, Raub – es sind keine typischerweise bei Kindeswohlgefährdung verwirklichten Straftaten genannt). Eine Offenbarungspflicht vor Gericht besteht, soweit kein Zeugnisverweigerungsrecht (z.B. §§ 53ff. StPO, 383ff. ZPO) gegeben ist. Die im Bereich der Frühen Hilfen wohl bekannteste Meldepflicht ist die „positive Meldepflicht" von Ärzten/Ärztinnen nach der Durchführung einer der Vorsorgeuntersuchungen U1–U9/J1 gem. § 15b Abs. 2 ÖGDG MV (dazu auch Rz. 92a). Auch hier ist jedoch zu beachten, dass sich die Meldung auf bestimmte Angaben beschränkt (Name, Typ der Vorsorgeuntersuchung von U1 bis U9/J1, Datum des Arztbesuchs). Ausdrücklich nicht vorgesehen ist die Meldung von Diagnosen oder Therapien. Wollen Kinderärzte/-ärztinnen auf Grund der in der Vorsorgeuntersuchung gemachten Eindrücke Kontakt zum Jugendamt herstellen, bedarf dies einer anderen rechtlichen Grundlage.*

- **rechtfertigender Notstand/Güterabwägung:** Trotz der grund-
  sätzlichen Schweigepflicht ist eine Befugnis zur Weitergabe von
  Informationen gegeben, wenn durch die Weitergabe ein höher-
  wertiges Rechtsgut – z.B. Gesundheit oder Leben eines Kindes
  – geschützt wird.

> **Bsp.:** *Ergeben sich z.B. aus den Eindrücken anlässlich der Durch-
> führung einer Vorsorgeuntersuchung Anhaltspunkte dafür, dass
> das Kind misshandelt oder vernachlässigt wird, kann dies die
> Grundlage eines rechtfertigenden Notstandes sein.*

4.3 Datenweitergabe als Amtshilfe

Von besonderer Bedeutung bei der Kommunikation innerhalb oder   70
zwischen Behörden ist die **Amtshilfe,** durch die regelmäßig entsprechende Informationen an eine funktional andere Stelle weitergegeben werden. Die Behörde, die um Amtshilfe ersucht wird, ist
grundsätzlich zur Amtshilfe verpflichtet, wenn das Ersuchen um
Amtshilfe zulässig ist und gegen die Amtshilfe keine rechtlichen
Einwände bestehen (§§ 3 ff. VwVfG, §§ 3 ff. SGB X). Rechtliche
Einwände ergeben sich insbesondere dann, wenn keine Übermittlungsbefugnis vorliegt bzw. wenn gar ein ausdrückliches Übermitt-
lungshindernis vorliegt.

Die verschiedenen Übermittlungsbefugnisse und einige Übermitt-   71
lungshindernisse sind für öffentliche Stellen allgemein in §§ 15, 16
BDSG bzw. in §§ 14–16 DSG MV und für alle Sozialleistungsträger in §§ 67d ff. SGB X geregelt. Diese werden zum Teil in den
einzelnen Spezialgesetzen nochmals spezifiziert.

Übermittlungsbefugnisse für öffentliche Stellen allgemein
(BDSG, DSG MV)

Im **BDSG** ist die Zulässigkeit der Übermittlung personenbezoge-   72
ner Daten u.a. in §§ 15, 16, 28 Abs. 3, 29 Abs. 1 und 2 sowie 30
Abs. 1 BDSG geregelt. Es wird zwischen den Übermittlungsrege-
lungen im öffentlichen und nicht öffentlichen Bereich unterschieden. Im Folgenden sollen nur die Regelungen für den öffentlichen
Bereich dargestellt werden:

73 Gem. § 15 BDSG ist die Übermittlung von Daten für öffentliche Stellen des Bundes **an öffentliche Stellen** nur zulässig, wenn diese für die übermittelnde oder empfangende Stelle zur Erfüllung ihrer Aufgaben erforderlich sind und zudem die eine Datennutzung zulassenden Voraussetzungen des § 14 BDSG vorliegen, also entweder die Daten zu demselben Zweck auch nach der Übermittlung genutzt werden, zu dem sie erhoben wurden (Abs. 1), oder eine Zweckänderung zulässig wäre (Abs. 2).

74 Eine Datenübermittlung **an nicht öffentliche Stellen** ist für öffentliche Stellen des Bundes gem. § 16 BDSG zulässig, wenn diese zur Aufgabenerfüllung der übermittelnden Stelle erforderlich ist und wiederum die Voraussetzungen des § 14 BDSG gegeben sind oder der nicht öffentliche Empfänger ein berechtigtes Interesse an der Kenntnis der Daten glaubhaft darlegt und der Betroffene kein schützenswürdiges Interesse an einem Ausschluss der Übermittlung hat.

75 Im **DSG MV** findet sich eine ähnliche Differenzierung hinsichtlich der Regelungen zur Übermittlungsbefugnis. Die Vorraussetzungen für die Zulässigkeit einer Übermittlung nach § 14 Abs. 1 DSG MV Übermittlung innerhalb des öffentlichen Bereichs und § 15 Abs. 1 DSG MV an inländische Stellen außerhalb des öffentlichen Bereichs entsprechen im Wesentlichen den beschriebenen Voraussetzungen der §§ 15, 16 BDSG.

Übermittlungsbefugnisse für Sozialleistungsträger

76 Für die Gruppe der Sozialleistungsträger lässt sich generell festhalten, dass die Voraussetzungen für die Übermittlung von Informationen an eine Stelle der allgemeinen öffentlichen Verwaltung im SGB X strenger sind als die, wenn es um die Übermittlung von Informationen zum Zwecke von Sozialleistungen an andere Sozialleistungsträger geht.

77 Die **Übermittlung an andere Sozialleistungsträger** zum Zwecke der Erfüllung sozialer Aufgaben ist schwerpunktmäßig in § 69 SGB X geregelt. Auch hier ist nochmals zu beachten, dass eine Übermittlung dann vorliegt, wenn sie den Bereich der funktional

zuständigen Stelle (vgl. Rz. 54) verlässt. Nach § 69 Abs. 1 Satz 1 Nr. 1 SGB X ist ein Übermitteln von Daten zulässig, soweit die Daten für die Erfüllung des Zwecks, für den sie erhoben worden sind (Alt. 1), oder für die Erfüllung einer gesetzlichen Aufgabe der Stelle, die die Daten übermittelt (Alt. 2), oder empfangenden Stelle (Alt. 3) erforderlich ist. Die empfangende Stelle kann dabei innerhalb des Leistungsträgers angesiedelt sein, dem auch die übertragende Stelle angehört.

> *Bsp.: Wenn aus der Beratungsstelle eines Jugendamts zur Erfüllung der Aufgabe etwa nach § 8a SGB VIII entsprechende Informationen an die Stellen im selben Jugendamt weitergegeben werden, die mit dieser Aufgabe betraut sind. Ebenso ist eine Weitergabe vom Allgemeinen Sozialdienst an die Jugendgerichtshilfe vorstellbar.*

Es kann sich aber auch um eine einem anderen Sozialleistungsträger zugehörende Stelle bzw. eine andere in § 35 SGB I genannte Stelle handeln, wenn die Daten zur Erfüllung einer dieser gesetzlich übertragenen Aufgabe übermittelt werden.   **77a**

> *Bsp.: Das Jobcenter verhängt als Sanktion gem. § 31 SGB II eine Kürzung der „Hartz IV"-Bezüge einer Familie. Dem Mitarbeiter ist bekannt, dass in der Familie ein Kleinstkind lebt und der Familie voraussichtlich der Strom gesperrt werden wird. Da er auf Grund dessen eine Kindeswohlgefährdung befürchtet, meldet er die zur Erfüllung der Aufgabe nach § 8a SGB VIII erforderlichen Informationen dem zuständigen Jugendamt.*

Einschränkungen erfährt diese Weitergabebefugnis zur Erfüllung sozialer Aufgaben durch spezialgesetzliche Regelungen, etwa durch § 64 Abs. 2 SGB VIII, wonach eine Übermittlung auch nach § 69 SGB X nur dann zulässig ist, soweit dadurch der Erfolg einer erbrachten, derzeit gewährten oder zukünftig zu gewährenden Leistung der Kinder- und Jugendhilfe nicht in Frage gestellt wird (vgl. dazu Rz. 82).   **78**

Deutlich höher sind die Hürden für die Weitergabe von Informationen an **andere Stellen der öffentlichen Verwaltung.** Hier befassen sich die allgemeinen Regelungen des SGB X mit jeweils unterschiedlichen Situationen: **79**

- § 68 SGB X mit der Übermittlung für Aufgaben der **Polizeibehörden,** der **Staatsanwaltschaft** und der **Gerichte,**
- § 71 SGB X mit der Erfüllung besonderer gesetzlicher Pflichten und Meldebefugnisse; dies ist in dem hier behandelten Bereich nur von eingeschränkter Bedeutung, kann aber durchaus relevant werden, etwa die in § 71 Abs. 2 SGB X genannten Bestimmungen bei der Übermittlung von Informationen an die **Ausländerbehörde,**
- § 73 SGB X mit der Übermittlung zur Durchführung eines Strafverfahrens, wobei allerdings genau zu unterscheiden ist, zwischen den im Zusammenhang mit einem **Strafverfahren** wahrzunehmenden Aufgaben etwa der **Gerichtshilfe** nach § 69 Abs. 1 Satz 1 Nr. 2 SGB X,
- § 71 Abs. 3 SGB X mit der Übermittlung an das **Vormundschaftsgericht** bezüglich der Bestellung eines Betreuers oder bei Betreuungssachen.

4.4 Spezielle, zusätzliche Regelungen für die Kinder- und Jugendhilfe

80 Nach § 61 Abs. 1 Satz 2 SGB VIII gilt, dass der Kinder- und Jugendhilfedatenschutz für alle **Stellen** des **Trägers der öffentlichen Jugendhilfe** anzuwenden ist, soweit sie Aufgaben nach diesem Buch wahrnehmen. Wer Träger der öffentlichen Jugendhilfe ist, ist in §§ 69 ff. SGB VIII geregelt. Von Bedeutung sind hier insbesondere die Kreise und die kreisfreien Städte. Werden die Aufgaben nicht von einem Träger der öffentlichen Jugendhilfe, sondern durch eine kreisangehörige Gemeinde oder Gemeindeverbände wahrgenommen (z.B. im Kindergartenbereich, bei der Jugendarbeit), so gelten die Datenschutzbestimmungen entsprechend (vgl. § 61 Abs. 1 Satz 3 SGB VIII).

81 Der Datenschutz gilt für alle **Stellen** des Trägers der öffentlichen Jugendhilfe. Der Gesetzgeber hat mit Bedacht den Begriff Stelle gewählt und nicht etwa Amt oder Behörde. Der Begriff „Stelle" ist funktional auszulegen: Stelle ist diejenige kleinste Einheit innerhalb eines Amtes, die für die konkrete Aufgabenerledigung funktional zuständig ist (vgl. Rz. 54). Eine Datenweitergabe innerhalb einer funktionalen Stelle stellt keine Datenübermittlung, sondern

eine zulässige Datennutzung dar, sofern diese für die Aufgabenerfüllung erforderlich ist.

Für die Jugendhilfe bringt **§ 64 Abs. 2 SGB VIII** eine weitere 82
Einschränkung: Hiernach ist eine Übermittlung für die Erfüllung
sozialer Aufgaben nach § 69 SGB X nur dann zulässig (vgl. dazu
Rz. 77), wenn dadurch der Erfolg einer Jugendhilfeleistung nicht
in Frage gestellt wird. Zu dem Aspekt der Erforderlichkeit kommt
also hier der des **Erfolges der Jugendhilfeleistung** hinzu. Dabei ist
nicht erforderlich, dass die Leistungsgewährung bereits begonnen
hat oder dass etwa ein Rechtsanspruch auf eine Leistung besteht.
Die Einschränkung des § 64 Abs. 2 SGB VIII gilt für alle Leistungen, die in einem aktuellen und inhaltlichen Zusammenhang mit
der in Frage stehenden Datenübermittlung stehen.

> *Bsp.: Der Erfolg einer Jugendhilfeleistung wäre z.B. in diesem Sinne
> in Frage gestellt, ergäbe sich die ernsthafte Gefahr, dass Eltern
> eine bestehende Beratungsarbeit mit einer Familienberatungsstelle
> abbrechen würden, würden diese Informationen an das Jugendamt
> weitergegeben.*

Einen **besonderen Schutz** vor der Weitergabe von Sozialdaten sieht 83
§ 65 SGB VIII vor. Hiernach ist auch die Weitergabe innerhalb
der „Stelle" nicht zulässig, wenn die Informationen einem konkreten Mitarbeiter **zum Zwecke persönlicher und erzieherischer Hilfe
anvertraut** wurden. Adressat dieser Bestimmung ist also nicht die
Stelle, sondern sind die einzelnen Mitarbeiter/-innen des Trägers.
Der Grund: Bei den persönlichen und erzieherischen Hilfen werden oft sehr sensible, private Daten von den Betroffenen weitergegeben. Dies geschieht häufig erst dann, wenn ein hinreichendes
Vertrauensverhältnis zu der konkreten Mitarbeiterin besteht. Deswegen ist hier der besondere Schutz vorgesehen. Eine Weitergabe
anvertrauter Daten ist gem. § 65 Abs. 1 SGB VIII nur möglich,
wenn eine Einwilligung vorliegt (Nr. 1), wenn es um die Abwendung einer Gefährdung des Wohls eines Kindes geht (Nr. 2, 3
und 4) oder eine Weitergabe auch unter den Voraussetzungen des
§ 203 StGB (Nr. 5) möglich wäre (also wenn sogar eine – grundsätzlich nach § 203 StGB strafbedrohte – Informationsweitergabe
erfolgt, vgl. dazu unter Rz. 69 insbesondere den rechtfertigenden
Notstand).

84 Die Erbringung von Leistungen in der Kinder- und Jugendhilfe erfolgt zum größten Teil durch die sogenannten freien Träger. Der stellenbezogene Sozialdatenschutz der §§ 61 ff. SGB VIII gilt wegen der ausdrücklichen Gesetzesformulierung **für freie, d.h. private** (also sowohl privat-gemeinnützige wie privat-gewerbliche) **Träger nicht unmittelbar.** Um aber sicherzustellen, dass ein möglichst umfassender Sozialdatenschutz eintritt, finden mittelbar über entsprechende **Vereinbarungen mit den freien, privaten Trägern** nach **§ 61 Abs. 4 SGB VIII** auch bei den Trägern die Sozialdatenschutzvorschriften Anwendung. Dies führt zu einer **faktischen Gleichbehandlung** beim Sozialdatenschutz zwischen freien/privaten und öffentlichen Trägern.

85 Außerdem ist der sogenannte **verlängerte Datenschutz** des § 78 SGB X zu berücksichtigen: Erhalten Einrichtungen der privaten Träger Sozialdaten vom öffentlichen Träger, dann haben sie diese Daten im selben Umfang geheim zu halten wie der öffentliche Träger selbst (vgl. § 78 Abs. 1 Satz 2 SGB X). Insgesamt soll durch diese Regelung sichergestellt werden, dass bei öffentlichen und privaten Trägern hinsichtlich der Sozialdaten faktisch derselbe Schutz wirkt.

86 Besondere Informationspflichten gibt es beim **Kinderschutz:** Liegt ein Kindesschutzfall vor, haben die Jugendämter nach § 8a Abs. 3 SGB VIII dann, wenn sie zur Abwendung der Gefährdung die Information des Gerichts für erforderlich halten, das **Familiengericht** entsprechend **anzurufen.** Das Gericht kann dann, hält es eine Kindeswohlgefährdung ebenfalls für gegeben, nach den zivilrechtlichen Vorgaben des § 1666 Abs. 1 BGB die zur Abwendung erforderlichen Maßnahmen anordnen. Als solche Maßnahme kommen nicht nur ein vollständiger oder teilweiser Entzug der elterlichen Sorge, sondern auch Auflagen etc. in Betracht (eine nicht abschließende Aufzählung möglicher Maßnahmen findet sich in § 1666 Abs. 3 BGB).

87 Träger der freien Kinder- und Jugendhilfe sind gem. § 8a Abs. 2 SGB VIII verpflichtet das **Jugendamt** bei Verdacht auf Kindeswohlgefährdung zu **informieren,** wenn sie diesen nicht auf Grund bereits angenommener Hilfen ausgeräumt sehen. Ohne dass dies zumeist gesetzlich gesondert festgehalten ist, gilt Gleiches auch

für Einrichtungen und Dienste der öffentlichen Jugendhilfe, die nicht bereits direkt dem Jugendamt zugeordnet sind. Für Kindertageseinrichtungen und Kindertagespflege ist dies sogar ausdrücklich in § 9a Kindertagesförderungsgesetz Mecklenburg-Vorpommern (KiföG MV) festgehalten. Parallel kann immer auch das Familiengericht angerufen werden.

Zusammenfassend kann also gesagt werden, dass, reichen die eigenen Bemühungen und Hilfsmöglichkeiten zur Abwendung der Gefährdung nicht aus, die jeweils mit weitreichenderen Kompetenzen ausgestattete Stelle über die Kindeswohlgefährdung informiert werden muss.

88

> **Bsp.:** *Öffentliche sowie freie Kindertagesstätten, Familienberatungsstellen etc. müssen in einem solchen Fall das Jugendamt, das Jugendamt das Familiengericht anrufen.*

Bei der Anrufung bzw. **Information** müssen alle Angaben weitergegeben werden, die für den Kindesschutz **notwendig sind.** Dies sind insbesondere Name, Adresse des Kindes bzw. der Eltern, die Anhaltspunkte, welche zur Einschätzung der Kindeswohlgefährdung geführt haben, sowie ggf. die bislang von den Eltern gezeigte Bereitschaft, bei der Gefährdungsabwendung mitzuwirken bzw. bisher bereits unternommene Schritte zur Gefährdungsabwendung, die jedoch nicht den gewünschten Erfolg gezeigt haben.

89

Versäumt der einzelne Mitarbeiter bzw. die einzelne Mitarbeiterin die sich aus den fachlichen Regeln der Profession ergebenden und in § 8a SGB VIII niedergelegten Schritte zur Abwendung der Kindeswohlgefährdung, und kommt es deswegen (Kausalität!) zu einem Schaden am Kind, kann sich für ihn oder sie aus der **strafrechtlichen Garantenstellung** ggf. sogar eine **Strafbarkeit** ergeben. Eine gute Dokumentation der Gefährdungseinschätzung sowie die auf Grundlage dieser systematisch vorgenommenen Schritte beugen nicht nur fachlichen Ungenauigkeiten vor, sondern können im Ernstfall ggf. auch den strafrechtlichen Vorwurf widerlegen.

90

4.5 Spezielle, zusätzliche Regelungen für das Gesundheitswesen

91 Von den zusätzlichen, speziellen Regelungen für das Gesundheitswesen, also in erster Linie für Ärztinnen, Ärzte, Hebammen und Entbindungspfleger, ist zunächst **§ 203 StGB** von besonderer Bedeutung, der ja einen umfassenden Geheimnisschutz vorsieht (vgl. Rz. 66). Auch standesrechtlich sind die Ärzte/Ärztinnen und Hebammen/Entbindungspfleger hier zu entsprechendem Geheimnisschutz verpflichtet (Rz. 41).

92 Auch das **Bundesdatenschutzgesetz** enthält spezielle und besondere Regelungen hinsichtlich der Weitergabe von Gesundheitsdaten, die wegen ihrer hohen Sensibilität als „besondere Arten personenbezogener Daten" gelten (vgl. § 3 Abs. 9 BDSG). So finden sich insbesondere spezielle Regelungen für die **Datenweitergabe** in § 28 Abs. 6 bis 8 BDSG. Da aber regelmäßig die weit umfassendere Verpflichtung zur Verschwiegenheit nach § 203 StGB greift, treten die speziellen Beschränkungen des BDSG regelmäßig ausdrücklich dahinter zurück (vgl. § 1 Abs. 3 Satz 2 BDSG). Nur dort, wo die Vorschriften des BDSG strengere Anforderungen stellen als § 203 StGB, kommen sie zur Anwendung. Dies ist etwa der Fall bei der (ehemals) strittigen Frage, ob eine Einwilligung in die Datenweitergabe für die in § 203 StGB genannten Personen (also Ärzte, Hebammen usw.) schriftlich sein muss: Hier regelt § 4a Abs. 1 Satz 3 BDSG ausdrücklich, dass die **Einwilligung der Schriftform** bedarf. Das gilt damit auch für die im Gesundheitsbereich entsprechend tätigen Personen, wenn sie Informationen auf der Grundlage der Einwilligung von den Betroffenen (vgl. Rz. 69) weitergeben wollen.

92a Besondere Meldepflichten enthält das ÖGDG MV im Zusammenhang mit der Durchführung der Vorsorgeuntersuchungen U1–U9/J1. Zum einen sind gem. § 15b Abs. 2 ÖGDG MV Ärztinnen und Ärzte sowie Krankenhäuser, die eine solche Untersuchung durchgeführt haben, verpflichtet, dem Landesamt für Gesundheit und Soziales als Servicestelle bestimmte, konkret benannte Daten zu übermitteln (z.B. Name, Typ der Vorsorgeuntersuchung von U1 bis U9/J1, Datum des Arztbesuchs). Ausdrücklich nicht vorgesehen ist die Meldung von Diagnosen oder Therapien. Wollen Kinderärzte/-ärztinnen auf Grund der in der Vorsorgeuntersuchung gemachten Eindrücke Kontakt zum Jugendamt herstellen, bedarf dies einer anderen rechtlichen Grundlage (dazu Rz. 93). Durch einen Vergleich mit Daten, die die Servicestelle regelmäßig über jedes Kind mit gewöhnlichem Aufenthalt in Mecklenburg-Vorpommern von den Meldebehörden erhält, stellt sie fest, welches Kind nicht an den Vorsorgeuntersuchungen teilgenommen hat und erinnert die Sorgeberechtigten an die Untersuchung. Nimmt ein Kind nach der Erinnerung innerhalb einer festgelegten Toleranzgrenze nicht an den Untersuchungen teil, meldet die Servicestelle dies gem. § 15b Abs. 6 ÖGDG MV dem zuständigen Gesundheitsamt. Das zuständige Gesundheitsamt bietet den Sorgeberechtigten Hilfen und Aufklärung hinsichtlich der Früherkennungsuntersuchungen an. Wird das Hilfsangebot nicht wahrgenommen oder ergeben sich Anhaltspunkte für einer Kindeswohlgefährdung, nimmt das zuständige Gesundheitsamt sofort Kontakt mit dem zuständigen Jugendamt auf (§ 15b Abs. 7 ÖGDG MV).

Geht es um den **Kinderschutz,** wird gegenüber Mitarbeiter/-innen des Gesundheitswesens – insbesondere gegenüber den untersuchenden Ärzten/Ärztinnen und Hebammen/Entbindungspflegern – oft als Handlungsanweisung nahegelegt, die „notwendigen Schritte zur Abwendung der Kindeswohlgefährdung" zu tun. Dabei bleibt unklar, was solche Schritte sein könnten bzw. ob der Datenschutz mit diesen in Widerspruch gerät. Eine Lösung kann nur für den jeweiligen Einzelfall gefunden werden. Ähnlich wie Mitarbeiter/-innen in der Kinder- und Jugendhilfe müssen Ärzte/Ärztinnen und Hebammen/Entbindungspfleger in solchen Fällen abwägen, welche konkreten Schritte zur Abwendung der Kindeswohlgefährdung geeignet und erforderlich wären. Oft reicht zunächst eine genauere Abklärung des Verdachts durch zusätzliche Untersuchungen oder eigenes Tun (z.B. Gespräche mit den Eltern über Körperhygiene und Ernährung, konkrete Abmachungen mit diesen) zur Abwendung der Gefährdung aus. Ggf. ist aber auch die Einschaltung des Jugendamtes oder des Familiengerichts erforderlich, die andere Handlungskompetenzen und Hilfsmöglichkeiten haben. Der Datenschutz stellt bei diesen Fällen normalerweise kein Problem dar, da im Falle einer **Kindeswohlgefährdung** in aller

93

Regel jedenfalls ein rechtfertigender Notstand vorliegen wird, der sogar die strafrechtliche Geheimnispflicht des § 203 StGB durchbricht (Rz. 69). Wie Mitarbeiter/-innen der Kinder- und Jugendhilfe können auch Mitarbeiter/-innen des Gesundheitswesens im Einzelfall zur Vornahme der notwendigen Schritte zur Abwendung der Gefährdung sogar verpflichtet sein, da auch sie eine Garantenstellung haben können, die bei einem Unterlassen zu einer Strafbarkeit führen kann (vgl. Rz. 90). Zur eigenen Kontrolle und einer möglichen Entlastung von Vorwürfen empfiehlt sich wiederum gerade in solchen Fällen, auf eine hinreichende Dokumentation der Grundlagen der eigenen Einschätzung sowie der unternommenen Schritte zu achten.

4.6 Spezielle Regelungen für die Schulen

94 Die oben beschriebenen allgemeinen Grundsätze des Datenschutzes (Rz. 10 ff.) gelten auch für die Schulen. Dies bedeutet insbesondere, dass auch hier der Datenschutz stellenbezogen ist (Rz. 54). Die Regelungen des § 70 SchulG, SchulDSVO MV beziehen sich in erster Linie auf Schulen, Schulträger und Schulbehörden. Diese sind jedoch lediglich als konkrete Stellen, mit denen regelmäßig ein Datenaustausch erforderlich ist, benannt. Wie sich an § 70 Abs. 2 Satz 2 SchulG zeigt („andere öffentliche Stellen"), ist darin aber keine Abwendung vom Stellenbezug des Datenschutzes zu sehen.

95 Im Bereich der Frühen Hilfen wird es regelmäßig um die Möglichkeit einer Übermittlung personenbezogener Daten im Einzelfall gehen. Hier ist § 70 Abs. 2 SchulG einschlägig. Dieser stellt unterschiedliche Anforderungen je nach Adressat der Übermittlung:
  - S. 1: Die Daten dürfen einer Schule, der Schulbehörde und dem Schulträger übermittelt werden, soweit sie von diesen zur Erfüllung der ihnen durch Rechtsvorschrift übertragenen Aufgaben benötigt werden.

- S. 2: Die Übermittlung an andere öffentliche Stellen ist zulässig, wenn sie zur Erfüllung einer gesetzlichen Aufgabe erforderlich ist, ein Gesetz sie erlaubt oder der Betroffene im Einzelfall eingewilligt hat.
- S. 3: An Ausbildungsbetriebe dürfen personenbezogene Daten von Berufsschülern übermittelt werden, soweit es zur Gewährleistung des Ausbildungserfolges erforderlich ist und schutzwürdige Belange der Betroffenen nicht beeinträchtigt werden.
- S. 4: Die Übermittlung von Daten der Schüler und Erziehungsberechtigten an Personen oder Stellen außerhalb des öffentlichen Bereichs ist nur zulässig, wenn der Betroffene im Einzelfall eingewilligt hat.

Alle Übermittlungsvorgänge sind aktenkundig zu machen.

Die Übermittlung von Daten an öffentliche Stellen, also z.B. das Jugendamt, die Gesundheitsbehörde oder Polizei, bedarf gem. § 70 Abs. 2 S. 2 SchulG MV entweder einer gesetzlichen Erlaubnis oder alternativ einer Einwilligung des Betroffenen. Zudem muss immer auch die Erforderlichkeit der Datenweitergabe geprüft und bejaht werden. Der vom SchulG festgelegte Schutz entspricht damit dem Schutzlevel des allgemeinen Datenschutzrechts durch das DSG MV. In den meisten Fällen wird folglich eine Einwilligung der Betroffenen einzuholen sein. Allerdings enthält für Kinderschutzfälle § 4 Abs. 5 Satz 6-8 SchulG MV eine gesetzliche Erlaubnis in diesem Sinne, der für diese Fälle eine Datenweitergabe an das Jugendamt oder andere zuständige Stellen (je nach Gefährdung auch z.B. Gesundheitsamt oder Polizei) zulässt. Zu beachten ist aber wiederum, dass jedenfalls, wenn eine dieser Stellen die Schule um die Datenübermittlung ersucht, auch dieses Begehren einer Legitimation bedarf. **96**

> **Bsp.:** *Die Schule kann bei einem Verdacht auf Kindeswohlgefähr-*
> *dung das Jugendamt verständigen. In § 4 Abs. 5 S. 6, 7 SchulG*
> *MV ist sogar die Verpflichtung festgelegt, dass die Schule jedem*
> *Anschein von Vernachlässigung, Misshandlung oder anderen*
> *Gefährdungen von Schülerinnen oder Schülern nachzugehen hat*
> *und rechtzeitig eine Entscheidung darüber zu treffen hat, ob das*
> *Jugendamt oder andere zuständige Stellen einbezogen werden –*
> *was eben bedeutet, dass eine entsprechende Information z.B. an*
> *das Jugendamt erfolgt. Zuständig für das Verfahren und die Ver-*
> *antwortlichkeiten an der Schule ist nach § 4 Abs. 5 S. 8 SchulG*
> *MV der Schulleiter.*
> *Das Jugendamt darf die Schule um Informationen allerdings nur*
> *dann ersuchen, wenn die Voraussetzungen einer der Alternati-*
> *ven des § 62 Abs. 3 SGB VIII für eine Datenerhebung bei Drit-*
> *ten erfüllt sind. Die Aufzählung der Ausnahmetatbestände ist*
> *abschließend. Ist kein solcher erfüllt, ist das Jugendamt weiter-*
> *hin zur grundsätzlich vorzuziehenden Datenerhebung beim Betrof-*
> *fenen (Abs. 2) verpflichtet (vgl. dazu Rz. 48).*

97 Für die Übermittlung von Daten an **andere Einrichtungen** außerhalb des öffentlichen Bereichs, z.B. *private* Jugendhilfe, ist S. 4
einschlägig – es bedarf folglich immer der Einwilligung der Betroffenen. Dies gilt auch im Rahmen von Offenen Ganztagsschulen,
deren Angebot aus einer Kooperation von Schule und Jugendhilfe
entsteht (vgl. Rz. 44, 56). Rechtspolitisch wäre hier möglicherweise eine Erweiterung des S. 3 wünschenswert.

98 Dafür spricht bereits die Funktion des Datenschutzes als Vertrauensschutz – schon aus fachlichen Gründen sollten die Betroffenen
„mit ins Boot geholt" werden (vgl. Rz. 1, 2 und zu den Anforderungen an Einwilligungserklärungen Rz. 60 f.).

5 Rechte der Betroffenen

5.1 Aus allgemeinen Datenschutzgesetzen

Für alle Betroffenen sind zunächst die allgemeinen Datenschutz- **99** gesetze (BDSG, DSG MV) maßgeblich. Im BDSG finden sich diese in den §§ 6, 19 ff., 33 ff. Da für die Kinder- und Jugendhilfe sowie die Gesundheitshilfe die Landesdatenschutzgesetze Vorrang haben (vgl. § 1 Abs. 2 Nr. 2 BDSG, § 2 Abs. 1 DSG MV, Rz. 30), werden diese hier dargestellt. Die Rechte der Betroffenen sind in **§§ 24 bis 28 DSG MV** geregelt.

Aus diesen ergeben sich im Wesentlichen folgende Rechte der **100** Betroffenen:

- **Informationspflichten** gegenüber den Betroffenen z.B. bei der Erhebung bei Dritten (§ 9 Abs. 4 DSG MV) und bei der Übermittlung personenbezogener Daten an Stellen außerhalb des öffentlichen Bereichs (§ 15 Abs. 1 Satz 3 DSG MV);
- **Recht auf Auskunft und Einsichtnahme** hinsichtlich der zur Person verarbeiteten Daten, dem Zweck, der Rechtsgrundlage, dem Empfänger bei Übermittlung usw. (§ 24 DSG MV);
- **Berichtigung, Sperrung und Löschung von Daten,** wenn die jeweiligen Voraussetzungen für Berichtigung, Sperrung oder Löschung im Einzelfall vorliegen (§ 25 i.V.m. § 13 DSG MV);
- **Schadensersatz** unter den im Einzelnen in § 27 DSG MV genannten Voraussetzungen, wenn durch eine unzulässige oder unrichtige Verarbeitung der Daten betroffenen Personen ein Schaden zugefügt wurde;
- schließlich hat jede Person, die der Ansicht ist, dass gegen Datenschutzvorschriften verstoßen worden ist, das Recht, sich unmittelbar an den **Datenschutzbeauftragten** zu wenden (§ 26 DSG MV).

Sofern die Datenschutzgesetze der Länder nicht einschlägig sind **101** – d.h. insbesondere z.B. bei den nicht öffentlichen Stellen wie den freien, privaten Trägern –, gilt der 3. Abschnitt des BDSG, hier sind die Rechte der Betroffenen in **§§ 33 bis 35 BDSG** geregelt. Auch diese Bestimmungen kennen entsprechende Benachrichtigungen der Betroffenen, Auskunft an die Betroffenen sowie Berichtigung, Sperrung und Löschung von Daten.

5.2 Aus sozialrechtlichen Regelungen

102 Die sozialrechtlichen Regelungen über die Rechte der Betroffenen finden sich wesentlich in **§§ 81 bis 84a SGB X;** die ehemals in §§ 66, 67 SGB VIII bereichsspezifisch für die Kinder- und Jugendhilfe enthaltenen Vorschriften sind in diesen allgemeinen Vorschriften aufgegangen. Die dort geregelten Rechte der Betroffenen sind ähnlich denen im DSG MV.

103 So besteht nach § 83 SGB X auf Antrag der Betroffenen ein **Anspruch auf Auskunft** über die zu seiner Person gespeicherten Sozialdaten, deren Herkunft, hinsichtlich der Empfänger dieser Daten und dem Zweck der Speicherung. Dazu sollen die entsprechenden Daten näher bezeichnet werden. Bei nicht automatisierten Daten haben die Betroffenen Angaben zu machen, die das Auffinden der Daten ermöglichen. Schließlich darf der erforderliche Auskunftsaufwand nicht außerverhältnismäßig zu dem Informationsbedürfnis des Betroffenen stehen. Die Auskunftserteilung unterbleibt in den in § 83 Abs. 4 SGB X genannten Fällen, so bei der Gefährdung der ordnungsgemäßen Erfüllung der Aufgaben der jeweiligen Stelle, bei Gefährdung der öffentlichen Sicherheit oder – das wird wohl der Hauptfall sein – wenn wegen überwiegendem Interesse eines Dritten die Daten geheim gehalten werden müssen. Ein solches berechtigtes Interesse kann jedes Interesse (materieller oder ideeller Art) sein, es muss das Interesse an der Auskunft des Betroffenen überwiegen. Deswegen wird regelmäßig eine entsprechende Interessenabwägung vorzunehmen sein.

104 Nach § 84 SGB X bestehen auch im sozialrechtlichen Bereich Ansprüche auf Berichtigung, Löschung und Sperrung von Daten. Die Berichtigung ist – auch ohne Antrag – schon von Amts wegen vorzunehmen, wenn die Sozialdaten unrichtig sind. Zu löschen sind die Sozialdaten, wenn die Speicherung unzulässig ist oder wenn sie für die Aufgabenerfüllung nicht mehr erforderlich ist. An die Stelle der Löschung tritt die Sperrung, sofern Fristen entgegenstehen, Interessen Dritter beeinträchtigt werden können oder die Löschung wegen der besonderen Art der Speicherung nicht möglich ist.

In § 81 SGB X ist schließlich dann auch das Recht jeder einzel- **105**
nen Bürgerin und jedes einzelnen Bürgers festgehalten, den Datenschutzbeauftragten anzurufen: den Bundesdatenschutzbeauftrag-
ten, wenn die Verletzung der Rechte durch Stellen des Bundes
geltend gemacht wird, den Landesdatenschutzbeauftragten, wenn
die Verletzung der Rechte durch andere öffentliche Stellen
behauptet wird.

6 Die Anwendung des datenschutzrechtlichen Überblicks – am Beispiel laufender Projekte

106   Im Arbeitsfeld der Frühen Hilfen werden immer wieder neue Projekte entwickelt. Dadurch werden auch kontinuierlich neue datenschutzrechtliche Fragen aufgeworfen. Der vorliegende Überblick soll dazu anregen, sich selbst mit diesen datenschutzrechtlichen Fragen aktiv auseinanderzusetzen, und die hierzu erforderlichen Grundkenntnisse vermitteln. Im Folgenden wird exemplarisch aufgezeigt, wie eine solche Auseinandersetzung funktionieren kann.

6.1 Begrüßungsbesuch durch kommunales Gesundheits- oder Jugendamt

107   In einigen Kommunen sollen oder werden junge Familien kurz nach der Geburt des ersten, ggf. auch folgender Kinder durch Mitarbeiter/-innen des kommunalen Gesundheits-, manchmal auch Jugendamts besucht. Angelegt sind solche Projekte z.B. so, dass den Familien vom kommunalen Gesundheits- oder Jugendamt ein Brief zugeschickt wird, in dem der Begrüßungsbesuch mit potenziellem Termin angekündigt wird. Sollten die Eltern keinen Besuch oder diesen zu einem anderen Zeitpunkt wünschen, wird um entsprechende Rückmeldung gebeten. Namen und Anschrift der Familien teilt das Einwohnermeldeamt nach Meldung neugeborener Kinder dem jeweils für zuständig erklärten Amt mit.

108   Aus datenschutzrechtlicher Sicht stellen sich verschiedene Fragen:
- Darf das Einwohnermeldeamt dem kommunalen Gesundheits- oder Jugendamt Namen und Anschrift der Familien mit neugeborenen Kindern melden?
- Darf das kommunale Gesundheits- oder Jugendamt Namen und Anschrift von Familien mit neugeborenen Kindern beim Einwohnermeldeamt abfragen?
- Sind die Familien verpflichtet auf den Begrüßungsbesuch zu reagieren und Fragen zu beantworten?

Es ist zunächst fraglich, ob und auf welcher rechtlichen Grundlage **109** die Weitergabe von Namen und Anschrift der neugeborenen Kinder vom Einwohnermelde- an Gesundheits- bzw. Jugendamt erfolgen darf (Datenweitergabe, vgl. dazu allgemein Rz. 57 ff.). Gleichzeitig müsste die Abfrage der Daten durch Gesundheits- bzw. Jugendamt rechtlich gestattet sein (Datenerhebung, vgl. dazu allgemein Rz. 46 ff.). Für die Datenweitergabe findet sich eine Rechtsgrundlage in den Spezialgesetzen: Gem. § 18 Melderechtsrahmengesetz, § 31 Meldegesetz MV ist die Weitergabe von Informationen wie Namen und Anschrift durch das Einwohnermeldeamt an eine andere Behörde gestattet, soweit dies zur Erfüllung von in der Zuständigkeit des Empfängers liegenden Aufgaben erforderlich ist, diese ohne Kenntnis der Daten zur Erfüllung der Aufgabe nicht in der Lage wäre und die Daten beim betroffenen Einwohner nur mit unverhältnismäßig hohem Aufwand erhoben werden könnten. Korrespondierend dazu ist die Datenerhebung beim Einwohnermeldeamt für die für den sogenannten Begrüßungsbesuch üblicherweise zuständige Stelle, Jugendamt oder Gesundheitsamt der Kommunen, gem. § 67a Abs. 2 Nr. 2 SGB X gestattet.

Soll die Datenübermittlung regelmäßig wiederkehrend ohne spezi- **110** elles Ersuchen der anderen Behörde oder öffentlichen Stelle erfolgen, ist darüber hinaus gem. § 18 Abs. 4 Melderechtsrahmengesetz, 31 Abs. 5 Meldegesetz MV eine entsprechende bundes- oder (hier wohl eher) landesrechtliche Festlegung erforderlich.

Zu klären ist folglich, was Aufgabe in diesem Sinne, also der **111** Zweck der Begrüßungsbesuche, sein könnte. Hier kommt allein die Information der Eltern über mögliche Unterstützungsleistungen der Kommunen in Betracht. Entgegen der teilweise plakativen öffentlichen Rhetorik darf der Besuch nicht dazu genutzt werden, Tatsachen, die für eine Kindeswohlgefährdung sprechen könnten, quasi gezielt „auszuspähen". Hierin läge eine Umgehung des § 8a SGB VIII, da allein die Geburt eines Kindes keine Rechtfertigung für einen Hausbesuch wegen möglicher Kindeswohlgefährdung darstellt. Ohne vorherige gewichtige Anhaltspunkte für eine Kindeswohlgefährdung würde ein solcher Besuch einen schweren Eingriff in die Persönlichkeitsrechte der Eltern darstellen. Nichtsdestotrotz kann eine bei dem Begrüßungsbesuch durchgeführte Beratung natürlich zum Ziel haben, dass Situationen, die künftig zu einer Kindeswohlgefährdung führen könnten, vermieden werden und – so gesehen – der Begrüßungsbesuch mittelbar dazu führt, dass es zu keiner Kindeswohlgefährdung kommt. Auch sind natürlich gewichtige Anhaltspunkte für die Gefährdung eines Kindes, sollten solche bei dieser Gelegenheit festgestellt werden, Anlass, diese dem Jugendamt zu melden bzw. für dieses, entsprechende Maßnahmen zu ergreifen. Dennoch: Ziel der Begrüßungsbesuche darf allein die Information und Beratung der Eltern über das Leistungsangebot der kommunalen Einrichtungen und Stellen sein, sodass als Aufgabe der Kommunen, die durch Mitarbeiter/-innen des Gesundheits- oder Jugendamts vertreten werden, eine Datenweitergabe nach §§ 18 Melderechtsrahmengesetz, 31 Meldegesetz MV bzw. eine Datenerhebung gem. § 67a Abs. 2 Nr. 2 SGB VIII gerechtfertigt ist.

112 Die Übermittlung von Namen und Anschrift der Familien mit neugeborenen Kindern durch das Einwohnermeldeamt an das kommunale Gesundheits- oder Jugendamt müsste aber auch erforderlich sein, damit die eben beschriebene Informationsaufgabe erfüllt werden kann. Hier ließe sich vertreten, dass ohne Kenntnis dieser Daten das jeweilige Amt gar nicht auf die Familien zutreten könnte, der Begrüßungsbesuch also nicht durchgeführt werden könnte. Andererseits sind Modelle denkbar, bei denen das Einwohnermeldeamt selbst die Familien anschreibt, diese über die Möglichkeit des Begrüßungsbesuchs informiert (ihnen ggf. auch schon mit Termin ankündigt), und den Familien zugleich (ggf. auch noch mit einer entsprechend akzeptablen Frist) die Möglichkeit einräumt, der Datenweitergabe an das kommunale Amt zu widersprechen. Dies zeigt, dass es bei entsprechendem Nachdenken durchaus Gestaltungsmöglichkeiten gibt, die datenschutzrechtlich vertretbar, auch praktisch handhabbar sind.

113 Ob und inwieweit der Begrüßungsbesuch tatsächlich durchgeführt werden kann, ist eine sich anschließende, von der Datenweitergabe (Einwohnermeldeamt – kommunales Amt) unabhängige Frage. Um dies nochmals klarzustellen: Der Begrüßungsbesuch kann nur ein Angebot an die Eltern sein. Sie sind nicht verpflichtet, diesen wahrzunehmen und/oder Mitarbeiter/-innen des Jugend- oder Gesundheitsamts zu diesem Zweck in ihre Wohnung zu lassen. Hierfür bedarf es ihres rechtswirksamen Einverständ-

nisses, das jedoch auch konkludent, also durch schlüssiges Verhalten (z.B. Hineinlassen in die Wohnung, Teilnahme am Gespräch), geäußert werden kann. Will allerdings z.B. die den Begrüßungsbesuch durchführende Mitarbeiterin des kommunalen Gesundheitsamts im Anschluss an das Informationsgespräch Daten z.B. an das Jugendamt weitergeben, um so die konkrete Inanspruchnahme und Durchführung von Leistungen zu ermöglichen, handelt es sich um eine Datenweitergabe, für die eine Einwilligung entsprechend Rz. 57 ff. erforderlich ist.

6.2 Verwendung standardisierter Screeninginstrumente

Standardisierte Screeninginstrumente, insbesondere Beobachtungsbögen zur Erfassung von Risikofaktoren für eine Kindeswohlgefährdung, werden z.B. auf Geburtsstationen von Kliniken, aber auch in Einrichtungen der Kinder- und Jugendhilfe vermehrt als Hilfsinstrument verwendet. **114**

Für solche Screeninginstrumente muss datenschutzrechtlich unterschieden werden: **115**
- bei der Ausfüllung der Bögen handelt es sich um eine Datenerhebung;
- sollen die Bögen anschließend verwahrt werden, um eine Datenspeicherung;
- sollen die Bögen bzw. darin enthaltene Bögen an eine andere Stelle, z.B. um eine Familienhilfe anzustoßen, an das Jugendamt übermittelt werden, handelt es sich um eine Datenweitergabe.

Die Erhebung von Daten (vgl. dazu allgemein Rz. 46 ff.) mit Hilfe von Screeninginstrumenten ist insofern unproblematisch, soweit diese von der Aufgabe der erhebenden Stelle gedeckt ist – also dort Informationen erfasst werden, die zur Erfüllung der spezifischen Aufgabe der Stelle erforderlich sind. So kann z.B. in einer Kinderklinik all das relativ unproblematisch erfragt werden, was zur Durchführung der anstehenden Behandlung des Kindes relevant ist (auch beispielsweise das Vorkommen ähnlicher Krankheitsbilder innerhalb der Familie). Sollen jedoch Fragen gestellt werden, die darüber hinaus gehen – um z.B. einen Hilfebedarf der Fami- **116** lie im kinder- und jugendrechtlichen oder sozialhilferechtlichen Bereich zu klären – muss diese Absicht gegenüber den Betroffenen transparent gemacht werden. Sie müssen also aufgeklärt und um ihre Einwilligung (vgl. dazu Rz. 60) gebeten werden.

117   Besteht das Bedürfnis, ein Screeninginstrument wie einen Anhaltsbogen z.B. zur Dokumentation aufzubewahren, sind die zur Datenspeicherung erläuterten Grundsätze zu beachten (vgl. dazu Rz. 49 ff.). Wichtig erscheint hervorzuheben, dass diese z.B. vor Besprechungen, die unabhängig vom konkreten Einzelfall z.B. zur Verbesserung der eigenen Arbeit erfolgen, oder auch vor statistischen Auswertungen unbedingt anonymisiert werden müssen.

118   Auch bezüglich der Datenweitergabe ergeben sich hinsichtlich der mit Hilfe von Screeninginstrumenten erfassten Daten keine Besonderheiten (vgl. dazu allgemein Rz. 57 ff.). Die Übermittlung der Daten an eine andere Stelle ist ohne das Einverständnis der Betroffenen prinzipiell nicht möglich. Lediglich wenn eine Gefährdung festgestellt wird, die den „roten Bereich" des rechtfertigenden Notstands, § 34 StGB, erreicht, dürfen die Daten auch ohne ausdrückliche Einwilligung der Betroffenen weitergegeben werden (vgl. dazu Rz. 69, 83, 93). Wer dies bedauert oder daher gar den Datenschutz als Hindernis wirkungsvoller Prävention verurteilt, verkennt, dass wirkungsvolle Hilfe auf die Zusammenarbeit mit den Betroffenen angewiesen ist und Datenschutz als Vertrauensschutz Prävention unterstützt (vgl. dazu bereits Rz. 1 und 5).

6.3 Datenbank eines Kinderarztverbundes

119   Mit dem Ziel, Fälle aufzudecken, bei denen Eltern zur Verschleierung von Misshandlungen ihrer Kinder häufig den Arzt wechseln („Ärztehopping"), wurde z.B. in Duisburg eine Informationsdatei namens Riskid eingerichtet, in die Ärzte Verdachtsfälle eingeben konnten, um so abzugleichen, ob die Kinder bereits Kollegen aufgefallen waren.

120   Die Eingabe in die Datenbank stellt eine Datenweitergabe dar. Wollen Ärzte Daten weitergeben, ist dies nur unter engen Voraussetzungen rechtlich zulässig (vgl. dazu Rz. 66 ff. und 91 ff.). Das

Bedürfnis einer Eingabe in die Datenbank besteht in erster Linie in Fällen, bei denen die momentane Beobachtung der Ärztin/des Arztes keinen Rückschluss auf eine Kindeswohlgefährdung zulässt und allein eine Häufung derartiger Beobachtungen Anlass zu ernsthafter Sorge darstellen würde. Würde nämlich bereits auf Grund der eigenen Beobachtungen die Annahme einer Kindeswohlgefährdung folgen, bestünde eine Handlungspflicht aus Garantenstellung (vgl. dazu Rz. 90 und 93), die über die Eingabe in die Datenbank hinausginge und entweder eigenes Handeln oder eine Anzeige beim Jugendamt oder der Polizei erfordern würde. Unterhalb dieser Gefährdungsschwelle ist jedoch, mangels rechtfertigenden Notstandes (vgl. dazu Rz. 69 und 93), eine Datenweitergabe ohne Einwilligung nicht möglich.

Daran ändert auch der enge Benutzerkreis der Datenbank oder der – unbestreitbar – ehrsame Zweck nichts. Zur Legitimation eines solchen Projekts ist der Gesetzgeber gefordert. Bis dahin bleibt den Ärzten/Ärztinnen lediglich die Möglichkeit, in Gesprächen mit den Eltern um Verständnis für die Dateneingabe zu werben und/oder darauf hinzuweisen, dass sie sich, sollte das Kind nicht wieder vorgestellt werden, veranlasst sehen, den Fall zu melden. Denn auch wenn die Beobachtungen allein vielleicht nicht Anlass für eine Meldung sind, so kann das nachfolgende „Verschwinden" der Familie ggf. dafür sorgen, dass genügend Anhaltspunkte für eine Kindeswohlgefährdung gegeben sind und die Gefährdungsschwelle des rechtfertigenden Notstands erreicht ist. **121**

Gesetzestexte

Auszüge

aus dem Strafgesetzbuch (StGB)

§ 203 Verletzung von Privatgeheimnissen

(1) Wer unbefugt ein fremdes Geheimnis, namentlich ein zum persönlichen Lebensbereich gehörendes Geheimnis oder ein Betriebs- oder Geschäftsgeheimnis, offenbart, das ihm als

1. Arzt, Zahnarzt, Tierarzt, Apotheker oder Angehörigen eines anderen Heilberufs, der für die Berufsausübung oder die Führung der Berufsbezeichnung eine staatlich geregelte Ausbildung erfordert,
2. Berufspsychologen mit staatlich anerkannter wissenschaftlicher Abschlußprüfung,
3. Rechtsanwalt, Patentanwalt, Notar, Verteidiger in einem gesetzlich geordneten Verfahren, Wirtschaftsprüfer, vereidigtem Buchprüfer, Steuerberater, Steuerbevollmächtigten oder Organ oder Mitglied eines Organs einer Rechtsanwalts-, Patentanwalts-, Wirtschaftsprüfungs-, Buchprüfungs- oder Steuerberatungsgesellschaft,
4. Ehe-, Familien-, Erziehungs- oder Jugendberater sowie Berater für Suchtfragen in einer Beratungsstelle, die von einer Behörde oder Körperschaft, Anstalt oder Stiftung des öffentlichen Rechts anerkannt ist.
4a. Mitglied oder Beauftragten einer anerkannten Beratungsstelle nach den §§ 3 und 8 des Schwangerschaftskonfliktgesetzes,
5. staatlich anerkanntem Sozialarbeiter oder staatlich anerkanntem Sozialpädagogen oder
6. Angehörigen eines Unternehmens der privaten Kranken-, Unfall- oder Lebensversicherung oder einer privatärztlichen, steuerberaterlichen oder anwaltlichen Verrechnungsstelle

anvertraut worden oder sonst bekanntgeworden ist, wird mit Freiheitsstrafe bis zu einem Jahr oder mit Geldstrafe bestraft.

(2) Ebenso wird bestraft, wer unbefugt ein fremdes Geheimnis, namentlich ein zum persönlichen Lebensbereich gehörendes Geheimnis oder ein Betriebs- oder Geschäftsgeheimnis, offenbart, das ihm als

1. Amtsträger,
2. für den öffentlichen Dienst besonders Verpflichteten,
3. Person, die Aufgaben oder Befugnisse nach dem Personalvertretungsrecht wahrnimmt,
4. Mitglied eines für ein Gesetzgebungsorgan des Bundes oder eines Landes tätigen Untersuchungsausschusses, sonstigen Ausschusses oder Rates, das nicht selbst Mitglied des Gesetzgebungsorgans ist, oder als Hilfskraft eines solchen Ausschusses oder Rates,
5. öffentlich bestelltem Sachverständigen, der auf die gewissenhafte Erfüllung seiner Obliegenheiten auf Grund eines Gesetzes förmlich verpflichtet worden ist, oder

6. Person, die auf die gewissenhafte Erfüllung ihrer Geheimhaltungspflicht bei der Durchführung wissenschaftlicher Forschungsvorhaben auf Grund eines Gesetzes förmlich verpflichtet worden ist,

anvertraut worden oder sonst bekanntgeworden ist. Einem Geheimnis im Sinne des Satzes 1 stehen Einzelangaben über persönliche oder sachliche Verhältnisse eines anderen gleich, die für Aufgaben der öffentlichen Verwaltung erfaßt worden sind; Satz 1 ist jedoch nicht anzuwenden, soweit solche Einzelangaben anderen Behörden oder sonstigen Stellen für Aufgaben der öffentlichen Verwaltung bekanntgegeben werden und das Gesetz dies nicht untersagt.

(2a) Die Absätze 1 und 2 gelten entsprechend, wenn ein Beauftragter für den Datenschutz unbefugt ein fremdes Geheimnis im Sinne dieser Vorschriften offenbart, das einem in den Absätzen 1 und 2 Genannten in dessen beruflicher Eigenschaft anvertraut worden oder sonst bekannt geworden ist und von dem er bei der Erfüllung seiner Aufgaben als Beauftragter für den Datenschutz Kenntnis erlangt hat.

(3) Einem in Absatz 1 Nr. 3 genannten Rechtsanwalt stehen andere Mitglieder einer Rechtsanwaltskammer gleich. Den in Absatz 1 und Satz 1 Genannten stehen ihre berufsmäßig tätigen Gehilfen und die Personen gleich, die bei ihnen zur Vorbereitung auf den Beruf tätig sind. Den in Absatz 1 und den in Satz 1 und 2 Genannten steht nach dem Tod des zur Wahrung des Geheimnisses Verpflichteten ferner gleich, wer das Geheimnis von dem Verstorbenen oder aus dessen Nachlaß erlangt hat.

(4) Die Absätze 1 bis 3 sind auch anzuwenden, wenn der Täter das fremde Geheimnis nach dem Tod des Betroffenen unbefugt offenbart.

(5) Handelt der Täter gegen Entgelt oder in der Absicht, sich oder einen anderen zu bereichern oder einen anderen zu schädigen, so ist die Strafe Freiheitsstrafe bis zu zwei Jahren oder Geldstrafe.

Fußnote: § 203 Abs. 1 Nr. 4a: Die anerkannten Beratungsstellen nach § 218b Abs. 2 Nr. 1 StGB stehen den anerkannten Beratungsstellen nach § 3 des Gesetz über die Aufklärung, Verhütung, Familienplanung und Beratung gleich gem. BVerfGE v. 4.8.1992 I 1585 - 2 BvO 16/92 u. a.

aus dem Bundesdatenschutzgesetz (BDSG)

Erster Abschnitt: Allgemeine und gemeinsame Bestimmungen

§ 1 Zweck und Anwendungsbereich des Gesetzes

(1) Zweck dieses Gesetzes ist es, den Einzelnen davor zu schützen, dass er durch den Umgang mit seinen personenbezogenen Daten in seinem Persönlichkeitsrecht beeinträchtigt wird.

(2) Dieses Gesetz gilt für die Erhebung, Verarbeitung und Nutzung personenbezogener Daten durch
1. öffentliche Stellen des Bundes,
2. öffentliche Stellen der Länder, soweit der Datenschutz nicht durch Landesgesetz geregelt ist und soweit sie
   a) Bundesrecht ausführen oder
   b) als Organe der Rechtspflege tätig werden und es sich nicht um Verwaltungsangelegenheiten handelt,
3. nicht-öffentliche Stellen, soweit sie die Daten unter Einsatz von Datenverarbeitungsanlagen verarbeiten, nutzen oder dafür erheben oder die Daten in oder aus nicht automatisierten Dateien verarbeiten, nutzen oder dafür erheben, es sei denn, die Erhebung, Verarbeitung oder Nutzung der Daten erfolgt ausschließlich für persönliche oder familiäre Tätigkeiten.

(3) Soweit andere Rechtsvorschriften des Bundes auf personenbezogene Daten einschließlich deren Veröffentlichung anzuwenden sind, gehen sie den Vorschriften dieses Gesetzes vor. Die Verpflichtung zur Wahrung gesetzlicher Geheimhaltungspflichten oder von Berufs- oder besonderen Amtsgeheimnissen, die nicht auf gesetzlichen Vorschriften beruhen, bleibt unberührt.

(4) Die Vorschriften dieses Gesetzes gehen denen des Verwaltungsverfahrensgesetzes vor, soweit bei der Ermittlung des Sachverhalts personenbezogene Daten verarbeitet werden.

(5) Dieses Gesetz findet keine Anwendung, sofern eine in einem anderen Mitgliedstaat der Europäischen Union oder in einem anderen Vertragsstaat des Abkommens über den Europäischen Wirtschaftsraum belegene verantwortliche Stelle personenbezogene Daten im Inland erhebt, verarbeitet oder nutzt, es sei denn, dies erfolgt durch eine Niederlassung im Inland. Dieses Gesetz findet Anwendung, sofern eine verantwortliche Stelle, die nicht in einem Mitgliedstaat der Europäischen Union oder in einem anderen Vertragsstaat des Abkommens über den Europäischen Wirtschaftsraum belegen ist, personenbezogene Daten im Inland erhebt, verarbeitet oder

nutzt. Soweit die verantwortliche Stelle nach diesem Gesetz zu nennen ist, sind auch Angaben über im Inland ansässige Vertreter zu machen. Die Sätze 2 und 3 gelten nicht, sofern Datenträger nur zum Zweck des Transits durch das Inland eingesetzt werden. § 38 Abs. 1 Satz 1 bleibt unberührt.

§ 2 Öffentliche und nicht-öffentliche Stellen

(1) Öffentliche Stellen des Bundes sind die Behörden, die Organe der Rechtspflege und andere öffentlich-rechtlich organisierte Einrichtungen des Bundes, der bundesunmittelbaren Körperschaften, Anstalten und Stiftungen des öffentlichen Rechts sowie deren Vereinigungen ungeachtet ihrer Rechtsform. Als öffentliche Stellen gelten die aus dem Sondervermögen Deutsche Bundespost durch Gesetz hervorgegangenen Unternehmen, solange ihnen ein ausschließliches Recht nach dem Postgesetz zusteht.

(2) Öffentliche Stellen der Länder sind die Behörden, die Organe der Rechtspflege und andere öffentlich-rechtlich organisierte Einrichtungen eines Landes, einer Gemeinde, eines Gemeindeverbandes und sonstiger der Aufsicht des Landes unterstehender juristischer Personen des öffentlichen Rechts sowie deren Vereinigungen ungeachtet ihrer Rechtsform.

(3) Vereinigungen des privaten Rechts von öffentlichen Stellen des Bundes und der Länder, die Aufgaben der öffentlichen Verwaltung wahrnehmen, gelten ungeachtet der Beteiligung nicht-öffentlicher Stellen als öffentliche Stellen des Bundes, wenn
1. sie über den Bereich eines Landes hinaus tätig werden oder
2. dem Bund die absolute Mehrheit der Anteile gehört oder die absolute Mehrheit der Stimmen zusteht.
Andernfalls gelten sie als öffentliche Stellen der Länder.

(4) Nicht-öffentliche Stellen sind natürliche und juristische Personen, Gesellschaften und andere Personenvereinigungen des privaten Rechts, soweit sie nicht unter die Absätze 1 bis 3 fallen. Nimmt eine nicht-öffentliche Stelle hoheitliche Aufgaben der öffentlichen Verwaltung wahr, ist sie insoweit öffentliche Stelle im Sinne dieses Gesetzes.

§ 3 Weitere Begriffsbestimmungen

(1) Personenbezogene Daten sind Einzelangaben über persönliche oder sachliche Verhältnisse einer bestimmten oder bestimmbaren natürlichen Person (Betroffener).

(2) Automatisierte Verarbeitung ist die Erhebung, Verarbeitung oder Nutzung personenbezogener Daten unter Einsatz von Datenverarbeitungsanlagen. Eine nicht automatisierte Datei ist jede nicht automatisierte Sammlung personenbezogener Daten, die gleichartig aufgebaut ist und nach bestimmten Merkmalen zugänglich ist und ausgewertet werden kann.

(3) Erheben ist das Beschaffen von Daten über den Betroffenen.

(4) Verarbeiten ist das Speichern, Verändern, Übermitteln, Sperren und Löschen personenbezogener Daten. Im Einzelnen ist, ungeachtet der dabei angewendeten Verfahren:
1. Speichern das Erfassen, Aufnehmen oder Aufbewahren personenbezogener Daten auf einem Datenträger zum Zwecke ihrer weiteren Verarbeitung oder Nutzung,
2. Verändern das inhaltliche Umgestalten gespeicherter personenbezogener Daten,
3. Übermitteln das Bekanntgeben gespeicherter oder durch Datenverarbeitung gewonnener personenbezogener Daten an einen Dritten in der Weise, dass
   a) die Daten an den Dritten weitergegeben werden oder
   b) der Dritte zur Einsicht oder zum Abruf bereitgehaltene Daten einsieht oder abruft,
4. Sperren das Kennzeichnen gespeicherter personenbezogener Daten, um ihre weitere Verarbeitung oder Nutzung einzuschränken,
5. Löschen das Unkenntlichmachen gespeicherter personenbezogener Daten.

(5) Nutzen ist jede Verwendung personenbezogener Daten, soweit es sich nicht um Verarbeitung handelt.

(6) Anonymisieren ist das Verändern personenbezogener Daten derart, dass die Einzelangaben über persönliche oder sachliche Verhältnisse nicht mehr oder nur mit einem unverhältnismäßig großen Aufwand an Zeit, Kosten und Arbeitskraft einer bestimmten oder bestimmbaren natürlichen Person zugeordnet werden können.

(6a) Pseudonymisieren ist das Ersetzen des Namens und anderer Identifikationsmerkmale durch ein Kennzeichen zu dem Zweck, die Bestimmung des Betroffenen auszuschließen oder wesentlich zu erschweren.

(7) Verantwortliche Stelle ist jede Person oder Stelle, die personenbezogene Daten für sich selbst erhebt, verarbeitet oder nutzt oder dies durch andere im Auftrag vornehmen lässt.

(8) Empfänger ist jede Person oder Stelle, die Daten erhält. Dritter ist jede Person oder Stelle außerhalb der verantwortlichen Stelle. Dritte sind nicht der Betroffene sowie Personen und Stellen, die im Inland, in einem anderen Mitgliedstaat der Europäischen Union oder in einem anderen Vertragsstaat des Abkommens über den Europäischen Wirtschaftsraum personenbezogene Daten im Auftrag erheben, verarbeiten oder nutzen.

(9) Besondere Arten personenbezogener Daten sind Angaben über die rassische und ethnische Herkunft, politische Meinungen, religiöse oder philosophische Überzeugungen, Gewerkschaftszugehörigkeit, Gesundheit oder Sexualleben.

(10) Mobile personenbezogene Speicher- und Verarbeitungsmedien sind Datenträger,
1. die an den Betroffenen ausgegeben werden,
2. auf denen personenbezogene Daten über die Speicherung hinaus durch die ausgebende oder eine andere Stelle automatisiert verarbeitet werden können und
3. bei denen der Betroffene diese Verarbeitung nur durch den Gebrauch des Mediums beeinflussen kann.

(11) Beschäftigte sind:
1. Arbeitnehmerinnen und Arbeitnehmer,
2. zu ihrer Berufsbildung Beschäftigte,
3. Teilnehmerinnen und Teilnehmer an Leistungen zur Teilhabe am Arbeitsleben sowie an Abklärungen der beruflichen Eignung oder Arbeitserprobung (Rehabilitandinnen und Rehabilitanden),
4. in anerkannten Werkstätten für behinderte Menschen Beschäftigte,
5. nach dem Jugendfreiwilligendienstegesetz Beschäftigte,
6. Personen, die wegen ihrer wirtschaftlichen Unselbständigkeit als arbeitnehmerähnliche Personen anzusehen sind; zu diesen gehören auch die in Heimarbeit Beschäftigten und die ihnen Gleichgestellten,
7. Bewerberinnen und Bewerber für ein Beschäftigungsverhältnis sowie Personen, deren Beschäftigungsverhältnis beendet ist,
8. Beamtinnen, Beamte, Richterinnen und Richter des Bundes, Soldatinnen und Soldaten sowie Zivildienstleistende.

§ 3a Datenvermeidung und Datensparsamkeit

Die Erhebung, Verarbeitung und Nutzung personenbezogener Daten und die Auswahl und Gestaltung von Datenverarbeitungssystemen sind an dem Ziel auszurichten, so wenig personenbezogene Daten wie möglich zu erheben, zu verarbeiten oder zu nutzen. Insbesondere sind personenbezogene Daten zu anonymisieren oder zu pseudonymisieren, soweit dies nach dem Verwendungszweck möglich ist und keinen im Verhältnis zu dem angestrebten Schutzzweck unverhältnismäßigen Aufwand erfordert.

§ 4 Zulässigkeit der Datenerhebung, -verarbeitung und -nutzung

(1) Die Erhebung, Verarbeitung und Nutzung personenbezogener Daten sind nur zulässig, soweit dieses Gesetz oder eine andere Rechtsvorschrift dies erlaubt oder anordnet oder der Betroffene eingewilligt hat.

(2) Personenbezogene Daten sind beim Betroffenen zu erheben. Ohne seine Mitwirkung dürfen sie nur erhoben werden, wenn
1. eine Rechtsvorschrift dies vorsieht oder zwingend voraussetzt oder
2.
   a) die zu erfüllende Verwaltungsaufgabe ihrer Art nach oder der Geschäftszweck eine Erhebung bei anderen Personen oder Stellen erforderlich macht oder
   b) die Erhebung beim Betroffenen einen unverhältnismäßigen Aufwand erfordern würde

und keine Anhaltspunkte dafür bestehen, dass überwiegende schutzwürdige Interessen des Betroffenen beeinträchtigt werden.

(3) Werden personenbezogene Daten beim Betroffenen erhoben, so ist er, sofern er nicht bereits auf andere Weise Kenntnis erlangt hat, von der verantwortlichen Stelle über
1. die Identität der verantwortlichen Stelle,
2. die Zweckbestimmungen der Erhebung, Verarbeitung oder Nutzung und
3. die Kategorien von Empfängern nur, soweit der Betroffene nach den Umständen des Einzelfalles nicht mit der Übermittlung an diese rechnen muss,

zu unterrichten. Werden personenbezogene Daten beim Betroffenen aufgrund einer Rechtsvorschrift erhoben, die zur Auskunft verpflichtet, oder ist die Erteilung der Auskunft Voraussetzung für die Gewährung von Rechtsvorteilen, so ist der Betroffene hierauf, sonst auf die Freiwilligkeit seiner Angaben hinzuweisen. Soweit nach den

Umständen des Einzelfalles erforderlich oder auf Verlangen, ist er über die Rechtsvorschrift und über die Folgen der Verweigerung von Angaben aufzuklären.

§ 4a Einwilligung

(1) Die Einwilligung ist nur wirksam, wenn sie auf der freien Entscheidung des Betroffenen beruht. Er ist auf den vorgesehenen Zweck der Erhebung, Verarbeitung oder Nutzung sowie, soweit nach den Umständen des Einzelfalles erforderlich oder auf Verlangen, auf die Folgen der Verweigerung der Einwilligung hinzuweisen. Die Einwilligung bedarf der Schriftform, soweit nicht wegen besonderer Umstände eine andere Form angemessen ist. Soll die Einwilligung zusammen mit anderen Erklärungen schriftlich erteilt werden, ist sie besonders hervorzuheben.

(2) Im Bereich der wissenschaftlichen Forschung liegt ein besonderer Umstand im Sinne von Absatz 1 Satz 3 auch dann vor, wenn durch die Schriftform der bestimmte Forschungszweck erheblich beeinträchtigt würde. In diesem Fall sind der Hinweis nach Absatz 1 Satz 2 und die Gründe, aus denen sich die erhebliche Beeinträchtigung des bestimmten Forschungszwecks ergibt, schriftlich festzuhalten.

(3) Soweit besondere Arten personenbezogener Daten (§ 3 Abs. 9) erhoben, verarbeitet oder genutzt werden, muss sich die Einwilligung darüber hinaus ausdrücklich auf diese Daten beziehen.

§ 6 Rechte des Betroffenen

(1) Die Rechte des Betroffenen auf Auskunft (§§ 19, 34) und auf Berichtigung, Löschung oder Sperrung (§§ 20, 35) können nicht durch Rechtsgeschäft ausgeschlossen oder beschränkt werden.

(2) Sind die Daten des Betroffenen automatisiert in der Weise gespeichert, dass mehrere Stellen speicherungsberechtigt sind, und ist der Betroffene nicht in der Lage festzustellen, welche Stelle die Daten gespeichert hat, so kann er sich an jede dieser Stellen wenden. Diese ist verpflichtet, das Vorbringen des Betroffenen an die Stelle, die die Daten gespeichert hat, weiterzuleiten. Der Betroffene ist über die Weiterleitung und jene Stelle zu unterrichten. Die in § 19 Abs. 3 genannten Stellen, die Behörden der Staatsanwaltschaft und der Polizei sowie öffentliche Stellen der Finanzverwaltung, soweit sie personenbezogene Daten in Erfüllung ihrer gesetzlichen

Aufgaben im Anwendungsbereich der Abgabenordnung zur Überwachung und Prüfung speichern, können statt des Betroffenen den Bundesbeauftragten für den Datenschutz und die Informationsfreiheit unterrichten. In diesem Fall richtet sich das weitere Verfahren nach § 19 Abs. 6.

(3) Personenbezogene Daten über die Ausübung eines Rechts des Betroffenen, das sich aus diesem Gesetz oder aus einer anderen Vorschrift über den Datenschutz ergibt, dürfen nur zur Erfüllung der sich aus der Ausübung des Rechts ergebenden Pflichten der verantwortlichen Stelle verwendet werden.

Zweiter Abschnitt: Datenverarbeitung der öffentlichen Stellen
Erster Unterabschnitt: Rechtsgrundlagen der Datenverarbeitung

§ 12 Anwendungsbereich

(1) Die Vorschriften dieses Abschnittes gelten für öffentliche Stellen des Bundes, soweit sie nicht als öffentlich-rechtliche Unternehmen am Wettbewerb teilnehmen.

(2) Soweit der Datenschutz nicht durch Landesgesetz geregelt ist, gelten die §§ 12 bis 16, 19 bis 20 auch für die öffentlichen Stellen der Länder, soweit sie
1. Bundesrecht ausführen und nicht als öffentlich-rechtliche Unternehmen am Wettbewerb teilnehmen oder
2. als Organe der Rechtspflege tätig werden und es sich nicht um Verwaltungsangelegenheiten handelt.

(3) Für Landesbeauftragte für den Datenschutz gilt § 23 Abs. 4 entsprechend.

(4) Werden personenbezogene Daten für frühere, bestehende oder zukünftige Beschäftigungsverhältnisse erhoben, verarbeitet oder genutzt, gelten § 28 Absatz 2 Nummer 2 und die §§ 32 bis 35 anstelle der §§ 13 bis 16 und 19 bis 20.

§ 13 Datenerhebung

(1) Das Erheben personenbezogener Daten ist zulässig, wenn ihre Kenntnis zur Erfüllung der Aufgaben der verantwortlichen Stelle erforderlich ist.

(1a) Werden personenbezogene Daten statt beim Betroffenen bei einer nicht-öffentlichen Stelle erhoben, so ist die Stelle auf die Rechtsvorschrift, die zur Auskunft verpflichtet, sonst auf die Freiwilligkeit ihrer Angaben hinzuweisen.

(2) Das Erheben besonderer Arten personenbezogener Daten (§ 3 Abs. 9) ist nur zulässig, soweit

1. eine Rechtsvorschrift dies vorsieht oder aus Gründen eines wichtigen öffentlichen Interesses zwingend erfordert,
2. der Betroffene nach Maßgabe des § 4a Abs. 3 eingewilligt hat,
3. dies zum Schutz lebenswichtiger Interessen des Betroffenen oder eines Dritten erforderlich ist, sofern der Betroffene aus physischen oder rechtlichen Gründen außerstande ist, seine Einwilligung zu geben,
4. es sich um Daten handelt, die der Betroffene offenkundig öffentlich gemacht hat,
5. dies zur Abwehr einer erheblichen Gefahr für die öffentliche Sicherheit erforderlich ist,
6. dies zur Abwehr erheblicher Nachteile für das Gemeinwohl oder zur Wahrung erheblicher Belange des Gemeinwohls zwingend erforderlich ist,
7. dies zum Zweck der Gesundheitsvorsorge, der medizinischen Diagnostik, der Gesundheitsversorgung oder Behandlung oder für die Verwaltung von Gesundheitsdiensten erforderlich ist und die Verarbeitung dieser Daten durch ärztliches Personal oder durch sonstige Personen erfolgt, die einer entsprechenden Geheimhaltungspflicht unterliegen,
8. dies zur Durchführung wissenschaftlicher Forschung erforderlich ist, das wissenschaftliche Interesse an der Durchführung des Forschungsvorhabens das Interesse des Betroffenen an dem Ausschluss der Erhebung erheblich überwiegt und der Zweck der Forschung auf andere Weise nicht oder nur mit unverhältnismäßigem Aufwand erreicht werden kann oder
9. dies aus zwingenden Gründen der Verteidigung oder der Erfüllung über- oder zwischenstaatlicher Verpflichtungen einer öffentlichen Stelle des Bundes auf dem Gebiet der Krisenbewältigung oder Konfliktverhinderung oder für humanitäre Maßnahmen erforderlich ist.

§ 14 Datenspeicherung, -veränderung und -nutzung

(1) Das Speichern, Verändern oder Nutzen personenbezogener Daten ist zulässig, wenn es zur Erfüllung der in der Zuständigkeit der verantwortlichen Stelle liegenden Aufgaben erforderlich ist und es für die Zwecke erfolgt, für die die Daten erhoben worden sind.

Ist keine Erhebung vorausgegangen, dürfen die Daten nur für die Zwecke geändert oder genutzt werden, für die sie gespeichert worden sind.

(2) Das Speichern, Verändern oder Nutzen für andere Zwecke ist nur zulässig, wenn
1. eine Rechtsvorschrift dies vorsieht oder zwingend voraussetzt,
2. der Betroffene eingewilligt hat,
3. offensichtlich ist, dass es im Interesse des Betroffenen liegt, und kein Grund zu der Annahme besteht, dass er in Kenntnis des anderen Zwecks seine Einwilligung verweigern würde,
4. Angaben des Betroffenen überprüft werden müssen, weil tatsächliche Anhaltspunkte für deren Unrichtigkeit bestehen,
5. die Daten allgemein zugänglich sind oder die verantwortliche Stelle sie veröffentlichen dürfte, es sei denn, dass das schutzwürdige Interesse des Betroffenen an dem Ausschluss der Zweckänderung offensichtlich überwiegt,
6. es zur Abwehr erheblicher Nachteile für das Gemeinwohl oder einer Gefahr für die öffentliche Sicherheit oder zur Wahrung erheblicher Belange des Gemeinwohls erforderlich ist,
7. es zur Verfolgung von Straftaten oder Ordnungswidrigkeiten, zur Vollstreckung oder zum Vollzug von Strafen oder Maßnahmen im Sinne des § 11 Abs. 1 Nr. 8 des Strafgesetzbuchs oder von Erziehungsmaßregeln oder Zuchtmitteln im Sinne des Jugendgerichtsgesetzes oder zur Vollstreckung von Bußgeldentscheidungen erforderlich ist,
8. es zur Abwehr einer schwerwiegenden Beeinträchtigung der Rechte einer anderen Person erforderlich ist oder
9. es zur Durchführung wissenschaftlicher Forschung erforderlich ist, das wissenschaftliche Interesse an der Durchführung des Forschungsvorhabens das Interesse des Betroffenen an dem Ausschluss der Zweckänderung erheblich überwiegt und der Zweck der Forschung auf andere Weise nicht oder nur mit unverhältnismäßigem Aufwand erreicht werden kann.

(3) Eine Verarbeitung oder Nutzung für andere Zwecke liegt nicht vor, wenn sie der Wahrnehmung von Aufsichts- und Kontrollbefugnissen, der Rechnungsprüfung oder der Durchführung von Organisationsuntersuchungen für die verantwortliche Stelle dient. Das gilt auch für die Verarbeitung oder Nutzung zu Ausbildungs- und Prüfungszwecken durch die verantwortliche Stelle, soweit nicht überwiegende schutzwürdige Interessen des Betroffenen entgegenstehen.

(4) Personenbezogene Daten, die ausschließlich zu Zwecken der Datenschutzkontrolle, der Datensicherung oder zur Sicherstellung ei-

nes ordnungsgemäßen Betriebes einer Datenverarbeitungsanlage gespeichert werden, dürfen nur für diese Zwecke verwendet werden.

(5) Das Speichern, Verändern oder Nutzen von besonderen Arten personenbezogener Daten (§ 3 Abs. 9) für andere Zwecke ist nur zulässig, wenn
1. die Voraussetzungen vorliegen, die eine Erhebung nach § 13 Abs. 2 Nr. 1 bis 6 oder 9 zulassen würden oder
2. dies zur Durchführung wissenschaftlicher Forschung erforderlich ist, das öffentliche Interesse an der Durchführung des Forschungsvorhabens das Interesse des Betroffenen an dem Ausschluss der Zweckänderung erheblich überwiegt und der Zweck der Forschung auf andere Weise nicht oder nur mit unverhältnismäßigem Aufwand erreicht werden kann.

Bei der Abwägung nach Satz 1 Nr. 2 ist im Rahmen des öffentlichen Interesses das wissenschaftliche Interesse an dem Forschungsvorhaben besonders zu berücksichtigen.

(6) Die Speicherung, Veränderung oder Nutzung von besonderen Arten personenbezogener Daten (§ 3 Abs. 9) zu den in § 13 Abs. 2 Nr. 7 genannten Zwecken richtet sich nach den für die in § 13 Abs. 2 Nr. 7 genannten Personen geltenden Geheimhaltungspflichten.

§ 15 Datenübermittlung an öffentliche Stellen

(1) Die Übermittlung personenbezogener Daten an öffentliche Stellen ist zulässig, wenn
1. sie zur Erfüllung der in der Zuständigkeit der übermittelnden Stelle oder des Dritten, an den die Daten übermittelt werden, liegenden Aufgaben erforderlich ist und
2. die Voraussetzungen vorliegen, die eine Nutzung nach § 14 zulassen würden.

(2) Die Verantwortung für die Zulässigkeit der Übermittlung trägt die übermittelnde Stelle. Erfolgt die Übermittlung auf Ersuchen des Dritten, an den die Daten übermittelt werden, trägt dieser die Verantwortung. In diesem Fall prüft die übermittelnde Stelle nur, ob das Übermittlungsersuchen im Rahmen der Aufgaben des Dritten, an den die Daten übermittelt werden, liegt, es sei denn, dass besonderer Anlass zur Prüfung der Zulässigkeit der Übermittlung besteht. § 10 Abs. 4 bleibt unberührt.

(3) Der Dritte, an den die Daten übermittelt werden, darf diese für den Zweck verarbeiten oder nutzen, zu dessen Erfüllung sie ihm

übermittelt werden. Eine Verarbeitung oder Nutzung für andere Zwecke ist nur unter den Voraussetzungen des § 14 Abs. 2 zulässig.

(4) Für die Übermittlung personenbezogener Daten an Stellen der öffentlich-rechtlichen Religionsgesellschaften gelten die Absätze 1 bis 3 entsprechend, sofern sichergestellt ist, dass bei diesen ausreichende Datenschutzmaßnahmen getroffen werden.

(5) Sind mit personenbezogenen Daten, die nach Absatz 1 übermittelt werden dürfen, weitere personenbezogene Daten des Betroffenen oder eines Dritten so verbunden, dass eine Trennung nicht oder nur mit unvertretbarem Aufwand möglich ist, so ist die Übermittlung auch dieser Daten zulässig, soweit nicht berechtigte Interessen des Betroffenen oder eines Dritten an deren Geheimhaltung offensichtlich überwiegen; eine Nutzung dieser Daten ist unzulässig.

(6) Absatz 5 gilt entsprechend, wenn personenbezogene Daten innerhalb einer öffentlichen Stelle weitergegeben werden.

§ 16 Datenübermittlung an nicht-öffentliche Stellen

(1) Die Übermittlung personenbezogener Daten an nicht-öffentliche Stellen ist zulässig, wenn
1. sie zur Erfüllung der in der Zuständigkeit der übermittelnden Stelle liegenden Aufgaben erforderlich ist und die Voraussetzungen vorliegen, die eine Nutzung nach § 14 zulassen würden, oder
2. der Dritte, an den die Daten übermittelt werden, ein berechtigtes Interesse an der Kenntnis der zu übermittelnden Daten glaubhaft darlegt und der Betroffene kein schutzwürdiges Interesse an dem Ausschluss der Übermittlung hat. Das Übermitteln von besonderen Arten personenbezogener Daten (§ 3 Abs. 9) ist abweichend von Satz 1 Nr. 2 nur zulässig, wenn die Voraussetzungen vorliegen, die eine Nutzung nach § 14 Abs. 5 und 6 zulassen würden oder soweit dies zur Geltendmachung, Ausübung oder Verteidigung rechtlicher Ansprüche erforderlich ist.

(2) Die Verantwortung für die Zulässigkeit der Übermittlung trägt die übermittelnde Stelle.

(3) In den Fällen der Übermittlung nach Absatz 1 Nr. 2 unterrichtet die übermittelnde Stelle den Betroffenen von der Übermittlung seiner Daten. Dies gilt nicht, wenn damit zu rechnen ist, dass er davon auf andere Weise Kenntnis erlangt, oder wenn die

Unterrichtung die öffentliche Sicherheit gefährden oder sonst dem Wohle des Bundes oder eines Landes Nachteile bereiten würde.

(4) Der Dritte, an den die Daten übermittelt werden, darf diese nur für den Zweck verarbeiten oder nutzen, zu dessen Erfüllung sie ihm übermittelt werden. Die übermittelnde Stelle hat ihn darauf hinzuweisen. Eine Verarbeitung oder Nutzung für andere Zwecke ist zulässig, wenn eine Übermittlung nach Absatz 1 zulässig wäre und die übermittelnde Stelle zugestimmt hat.

Zweiter Unterabschnitt: Rechte des Betroffenen

§ 19 Auskunft an den Betroffenen

(1) Dem Betroffenen ist auf Antrag Auskunft zu erteilen über
1. die zu seiner Person gespeicherten Daten, auch soweit sie sich auf die Herkunft dieser Daten beziehen,
2. die Empfänger oder Kategorien von Empfängern, an die die Daten weitergegeben werden, und
3. den Zweck der Speicherung.
In dem Antrag soll die Art der personenbezogenen Daten, über die Auskunft erteilt werden soll, näher bezeichnet werden. Sind die personenbezogenen Daten weder automatisiert noch in nicht automatisierten Dateien gespeichert, wird die Auskunft nur erteilt, soweit der Betroffene Angaben macht, die das Auffinden der Daten ermöglichen, und der für die Erteilung der Auskunft erforderliche Aufwand nicht außer Verhältnis zu dem vom Betroffenen geltend gemachten Informationsinteresse steht. Die verantwortliche Stelle bestimmt das Verfahren, insbesondere die Form der Auskunftserteilung, nach pflichtgemäßem Ermessen.

(2) Absatz 1 gilt nicht für personenbezogene Daten, die nur deshalb gespeichert sind, weil sie aufgrund gesetzlicher, satzungsmäßiger oder vertraglicher Aufbewahrungsvorschriften nicht gelöscht werden dürfen, oder ausschließlich Zwecken der Datensicherung oder der Datenschutzkontrolle dienen und eine Auskunftserteilung einen unverhältnismäßigen Aufwand erfordern würde.

(3) Bezieht sich die Auskunftserteilung auf die Übermittlung personenbezogener Daten an Verfassungsschutzbehörden, den Bundesnachrichtendienst, den Militärischen Abschirmdienst und, soweit die Sicherheit des Bundes berührt wird, andere Behörden des Bundesministeriums der Verteidigung, ist sie nur mit Zustimmung dieser Stellen zulässig.

(4) Die Auskunftserteilung unterbleibt, soweit

1. die Auskunft die ordnungsgemäße Erfüllung der in der Zuständigkeit der verantwortlichen Stelle liegenden Aufgaben gefährden würde,
2. die Auskunft die öffentliche Sicherheit oder Ordnung gefährden oder sonst dem Wohle des Bundes oder eines Landes Nachteile bereiten würde oder
3. die Daten oder die Tatsache ihrer Speicherung nach einer Rechtsvorschrift oder ihrem Wesen nach, insbesondere wegen der überwiegenden berechtigten Interessen eines Dritten, geheim gehalten werden müssen

und deswegen das Interesse des Betroffenen an der Auskunftserteilung zurücktreten muss.

(5) Die Ablehnung der Auskunftserteilung bedarf einer Begründung nicht, soweit durch die Mitteilung der tatsächlichen und rechtlichen Gründe, auf die die Entscheidung gestützt wird, der mit der Auskunftsverweigerung verfolgte Zweck gefährdet würde. In diesem Fall ist der Betroffene darauf hinzuweisen, dass er sich an den Bundesbeauftragten für den Datenschutz und die Informationsfreiheit wenden kann.

(6) Wird dem Betroffenen keine Auskunft erteilt, so ist sie auf sein Verlangen dem Bundesbeauftragten für den Datenschutz und die Informationsfreiheit zu erteilen, soweit nicht die jeweils zuständige oberste Bundesbehörde im Einzelfall feststellt, dass dadurch die Sicherheit des Bundes oder eines Landes gefährdet würde. Die Mitteilung des Bundesbeauftragten an den Betroffenen darf keine Rückschlüsse auf den Erkenntnisstand der verantwortlichen Stelle zulassen, sofern diese nicht einer weitergehenden Auskunft zustimmt.

(7) Die Auskunft ist unentgeltlich.

§ 19a Benachrichtigung

(1) Werden Daten ohne Kenntnis des Betroffenen erhoben, so ist er von der Speicherung, der Identität der verantwortlichen Stelle sowie über die Zweckbestimmungen der Erhebung, Verarbeitung oder Nutzung zu unterrichten. Der Betroffene ist auch über die Empfänger oder Kategorien von Empfängern von Daten zu unterrichten, soweit er nicht mit der Übermittlung an diese rechnen muss. Sofern eine Übermittlung vorgesehen ist, hat die Unterrichtung spätestens bei der ersten Übermittlung zu erfolgen.

(2) Eine Pflicht zur Benachrichtigung besteht nicht, wenn

1. der Betroffene auf andere Weise Kenntnis von der Speicherung oder der Übermittlung erlangt hat,
2. die Unterrichtung des Betroffenen einen unverhältnismäßigen Aufwand erfordert oder
3. die Speicherung oder Übermittlung der personenbezogenen Daten durch Gesetz ausdrücklich vorgesehen ist.

Die verantwortliche Stelle legt schriftlich fest, unter welchen Voraussetzungen von einer Benachrichtigung nach Nummer 2 oder 3 abgesehen wird.

(3) § 19 Abs. 2 bis 4 gilt entsprechend.

§ 20 Berichtigung, Löschung und Sperrung von Daten; Widerspruchsrecht

(1) Personenbezogene Daten sind zu berichtigen, wenn sie unrichtig sind. Wird festgestellt, dass personenbezogene Daten, die weder automatisiert verarbeitet noch in nicht automatisierten Dateien gespeichert sind, unrichtig sind, oder wird ihre Richtigkeit von dem Betroffenen bestritten, so ist dies in geeigneter Weise festzuhalten.

(2) Personenbezogene Daten, die automatisiert verarbeitet oder in nicht automatisierten Dateien gespeichert sind, sind zu löschen, wenn

1. ihre Speicherung unzulässig ist oder
2. ihre Kenntnis für die verantwortliche Stelle zur Erfüllung der in ihrer Zuständigkeit liegenden Aufgaben nicht mehr erforderlich ist.

(3) An die Stelle einer Löschung tritt eine Sperrung, soweit

1. einer Löschung gesetzliche, satzungsmäßige oder vertragliche Aufbewahrungsfristen entgegenstehen,
2. Grund zu der Annahme besteht, dass durch eine Löschung schutzwürdige Interessen des Betroffenen beeinträchtigt würden, oder
3. eine Löschung wegen der besonderen Art der Speicherung nicht oder nur mit unverhältnismäßig hohem Aufwand möglich ist.

(4) Personenbezogene Daten, die automatisiert verarbeitet oder in nicht automatisierten Dateien gespeichert sind, sind ferner zu sperren, soweit ihre Richtigkeit vom Betroffenen bestritten wird und sich weder die Richtigkeit noch die Unrichtigkeit feststellen lässt.

(5) Personenbezogene Daten dürfen nicht für eine automatisierte Verarbeitung oder Verarbeitung in nicht automatisierten Dateien erhoben, verarbeitet oder genutzt werden, soweit der Betroffene dieser bei der verantwortlichen Stelle widerspricht und eine Prüfung ergibt, dass das schutzwürdige Interesse des Betroffenen wegen seiner besonderen persönlichen Situation das Interesse der verantwortlichen Stelle an dieser Erhebung, Verarbeitung oder Nutzung überwiegt. Satz 1 gilt nicht, wenn eine Rechtsvorschrift zur Erhebung, Verarbeitung oder Nutzung verpflichtet.

(6) Personenbezogene Daten, die weder automatisiert verarbeitet noch in einer nicht automatisierten Datei gespeichert sind, sind zu sperren, wenn die Behörde im Einzelfall feststellt, dass ohne die Sperrung schutzwürdige Interessen des Betroffenen beeinträchtigt würden und die Daten für die Aufgabenerfüllung der Behörde nicht mehr erforderlich sind.

(7) Gesperrte Daten dürfen ohne Einwilligung des Betroffenen nur übermittelt oder genutzt werden, wenn
1. es zu wissenschaftlichen Zwecken, zur Behebung einer bestehenden Beweisnot oder aus sonstigen im überwiegenden Interesse der verantwortlichen Stelle oder eines Dritten liegenden Gründen unerlässlich ist und
2. die Daten hierfür übermittelt oder genutzt werden dürften, wenn sie nicht gesperrt wären.

(8) Von der Berichtigung unrichtiger Daten, der Sperrung bestrittener Daten sowie der Löschung oder Sperrung wegen Unzulässigkeit der Speicherung sind die Stellen zu verständigen, denen im Rahmen einer Datenübermittlung diese Daten zur Speicherung weitergegeben wurden, wenn dies keinen unverhältnismäßigen Aufwand erfordert und schutzwürdige Interessen des Betroffenen nicht entgegenstehen.

(9) § 2 Abs. 1 bis 6, 8 und 9 des Bundesarchivgesetzes ist anzuwenden.

§ 21 Anrufung des Bundesbeauftragten für den Datenschutz und die Informationsfreiheit

Jedermann kann sich an den Bundesbeauftragten für den Datenschutz und die Informationsfreiheit wenden, wenn er der Ansicht ist, bei der Erhebung, Verarbeitung oder Nutzung seiner personenbezogenen Daten durch öffentliche Stellen des Bundes in seinen Rechten verletzt worden zu sein. Für die Erhebung, Verarbeitung oder Nutzung von personenbezogenen Daten durch Gerichte des Bundes gilt dies nur, soweit diese in Verwaltungsangelegenheiten tätig werden.

Dritter Abschnitt: Datenverarbeitung nicht-öffentlicher Stellen und öffentlich-rechtlicher Wettbewerbsunternehmen
Zweiter Unterabschnitt: Rechte des Betroffenen

§ 33 Benachrichtigung des Betroffenen

(1) Werden erstmals personenbezogene Daten für eigene Zwecke ohne Kenntnis des Betroffenen gespeichert, ist der Betroffene von der Speicherung, der Art der Daten, der Zweckbestimmung der Erhebung, Verarbeitung oder Nutzung und der Identität der verantwortlichen Stelle zu benachrichtigen. Werden personenbezogene Daten geschäftsmäßig zum Zweck der Übermittlung ohne Kenntnis des Betroffenen gespeichert, ist der Betroffene von der erstmaligen Übermittlung und der Art der übermittelten Daten zu benachrichtigen. Der Betroffene ist in den Fällen der Sätze 1 und 2 auch über die Kategorien von Empfängern zu unterrichten, soweit er nach den Umständen des Einzelfalles nicht mit der Übermittlung an diese rechnen muss.

(2) Eine Pflicht zur Benachrichtigung besteht nicht, wenn
1. der Betroffene auf andere Weise Kenntnis von der Speicherung oder der Übermittlung erlangt hat,
2. die Daten nur deshalb gespeichert sind, weil sie aufgrund gesetzlicher, satzungsmäßiger oder vertraglicher Aufbewahrungsvorschriften nicht gelöscht werden dürfen oder ausschließlich der Datensicherung oder der Datenschutzkontrolle dienen und eine Benachrichtigung einen unverhältnismäßigen Aufwand erfordern würde,
3. die Daten nach einer Rechtsvorschrift oder ihrem Wesen nach, namentlich wegen des überwiegenden rechtlichen Interesses eines Dritten, geheimgehalten werden müssen,
4. die Speicherung oder Übermittlung durch Gesetz ausdrücklich vorgesehen ist,
5. die Speicherung oder Übermittlung für Zwecke der wissenschaftlichen Forschung erforderlich ist und eine Benachrichtigung einen unverhältnismäßigen Aufwand erfordern würde,
6. die zuständige öffentliche Stelle gegenüber der verantwortlichen Stelle festgestellt hat, dass das Bekanntwerden der Daten die öffentliche Sicherheit oder Ordnung gefährden oder sonst dem Wohle des Bundes oder eines Landes Nachteile bereiten würde,
7. die Daten für eigene Zwecke gespeichert sind und

a) aus allgemein zugänglichen Quellen entnommen sind und eine Benachrichtigung wegen der Vielzahl der betroffenen Fälle unverhältnismäßig ist, oder

b) die Benachrichtigung die Geschäftszwecke der verantwortlichen Stelle erheblich gefährden würde, es sei denn, dass das Interesse an der Benachrichtigung die Gefährdung überwiegt,

8. die Daten geschäftsmäßig zum Zweck der Übermittlung gespeichert sind und

a) aus allgemein zugänglichen Quellen entnommen sind, soweit sie sich auf diejenigen Personen beziehen, die diese Daten veröffentlicht haben, oder

b) es sich um listenmäßig oder sonst zusammengefasste Daten handelt (§ 29 Absatz 2 Satz 2)

und eine Benachrichtigung wegen der Vielzahl der betroffenen Fälle unverhältnismäßig ist,

9. aus allgemein zugänglichen Quellen entnommene Daten geschäftsmäßig für Zwecke der Markt- oder Meinungsforschung gespeichert sind und eine Benachrichtigung wegen der Vielzahl der betroffenen Fälle unverhältnismäßig ist.

Die verantwortliche Stelle legt schriftlich fest, unter welchen Voraussetzungen von einer Benachrichtigung nach Satz 1 Nr. 2 bis 7 abgesehen wird.

§ 34 Auskunft an den Betroffenen

(1) Die verantwortliche Stelle hat dem Betroffenen auf Verlangen Auskunft zu erteilen über

1. die zu seiner Person gespeicherten Daten, auch soweit sie sich auf die Herkunft dieser Daten beziehen,

2. den Empfänger oder die Kategorien von Empfängern, an die Daten weitergegeben werden, und

3. den Zweck der Speicherung.

Der Betroffene soll die Art der personenbezogenen Daten, über die Auskunft erteilt werden soll, näher bezeichnen. Werden die personenbezogenen Daten geschäftsmäßig zum Zweck der Übermittlung gespeichert, ist Auskunft über die Herkunft und die Empfänger auch dann zu erteilen, wenn diese Angaben nicht gespeichert sind. Die Auskunft über die Herkunft und die Empfänger kann verweigert werden, soweit das Interesse an der Wahrung des Geschäftsgeheimnisses gegenüber dem Informationsinteresse des Betroffenen überwiegt.

(1a) Im Fall des § 28 Absatz 3 Satz 4 hat die übermittelnde Stelle die Herkunft der Daten und den Empfänger für die Dauer von zwei Jahren nach der Übermittlung zu speichern und dem Betroffenen auf Verlangen Auskunft über die Herkunft der Daten und den Empfänger zu erteilen. Satz 1 gilt entsprechend für den Empfänger.

(2) Im Fall des § 28b hat die für die Entscheidung verantwortliche Stelle dem Betroffenen auf Verlangen Auskunft zu erteilen über
1. die innerhalb der letzten sechs Monate vor dem Zugang des Auskunftsverlangens erhobenen oder erstmalig gespeicherten Wahrscheinlichkeitswerte,
2. die zur Berechnung der Wahrscheinlichkeitswerte genutzten Datenarten und
3. das Zustandekommen und die Bedeutung der Wahrscheinlichkeitswerte einzelfallbezogen und nachvollziehbar in allgemein verständlicher Form.
Satz 1 gilt entsprechend, wenn die für die Entscheidung verantwortliche Stelle
1. die zur Berechnung der Wahrscheinlichkeitswerte genutzten Daten ohne Personenbezug speichert, den Personenbezug aber bei der Berechnung herstellt oder
2. bei einer anderen Stelle gespeicherte Daten nutzt.
Hat eine andere als die für die Entscheidung verantwortliche Stelle
1. den Wahrscheinlichkeitswert oder
2. einen Bestandteil des Wahrscheinlichkeitswerts
berechnet, hat sie die insoweit zur Erfüllung der Auskunftsansprüche nach den Sätzen 1 und 2 erforderlichen Angaben auf Verlangen der für die Entscheidung verantwortlichen Stelle an diese zu übermitteln. Im Fall des Satzes 3 Nr. 1 hat die für die Entscheidung verantwortliche Stelle den Betroffenen zur Geltendmachung seiner Auskunftsansprüche unter Angabe des Namens und der Anschrift der anderen Stelle sowie der zur Bezeichnung des Einzelfalls notwendigen Angaben unverzüglich an diese zu verweisen, soweit sie die Auskunft nicht selbst erteilt. In diesem Fall hat die andere Stelle, die den Wahrscheinlichkeitswert berechnet hat, die Auskunftsansprüche nach den Sätzen 1 und 2 gegenüber dem Betroffenen unentgeltlich zu erfüllen. Die Pflicht der für die Berechnung des Wahrscheinlichkeitswerts verantwortlichen Stelle nach Satz 3 entfällt, soweit die für die Entscheidung verantwortliche Stelle von ihrem Recht nach Satz 4 Gebrauch macht.

(3) Eine Stelle, die geschäftsmäßig personenbezogene Daten zum Zweck der Übermittlung speichert, hat dem Betroffenen auf Verlangen Auskunft über die zu seiner Person gespeicherten Daten zu erteilen, auch wenn sie weder automatisiert verarbeitet werden noch in einer nicht automatisierten Datei gespeichert sind. Dem Betroffenen ist auch Auskunft zu erteilen über Daten, die

1. gegenwärtig noch keinen Personenbezug aufweisen, bei denen ein solcher aber im Zusammenhang mit der Auskunftserteilung von der verantwortlichen Stelle hergestellt werden soll,
2. die verantwortliche Stelle nicht speichert, aber zum Zweck der Auskunftserteilung nutzt.

Die Auskunft über die Herkunft und die Empfänger kann verweigert werden, soweit das Interesse an der Wahrung des Geschäftsgeheimnisses gegenüber dem Informationsinteresse des Betroffenen überwiegt.

(4) Eine Stelle, die geschäftsmäßig personenbezogene Daten zum Zweck der Übermittlung erhebt, speichert oder verändert, hat dem Betroffenen auf Verlangen Auskunft zu erteilen über

1. die innerhalb der letzten zwölf Monate vor dem Zugang des Auskunftsverlangens übermittelten Wahrscheinlichkeitswerte für ein bestimmtes zukünftiges Verhalten des Betroffenen sowie die Namen und letztbekannten Anschriften der Dritten, an die die Werte übermittelt worden sind,
2. die Wahrscheinlichkeitswerte, die sich zum Zeitpunkt des Auskunftsverlangens nach den von der Stelle zur Berechnung angewandten Verfahren ergeben,
3. die zur Berechnung der Wahrscheinlichkeitswerte nach den Nummern 1 und 2 genutzten Datenarten sowie
4. das Zustandekommen und die Bedeutung der Wahrscheinlichkeitswerte einzelfallbezogen und nachvollziehbar in allgemein verständlicher Form.

Satz 1 gilt entsprechend, wenn die verantwortliche Stelle

1. die zur Berechnung des Wahrscheinlichkeitswerts genutzten Daten ohne Personenbezug speichert, den Personenbezug aber bei der Berechnung herstellt oder
2. bei einer anderen Stelle gespeicherte Daten nutzt.

(5) Die nach den Absätzen 1a bis 4 zum Zweck der Auskunftserteilung an den Betroffenen gespeicherten Daten dürfen nur für diesen Zweck sowie für Zwecke der Datenschutzkontrolle verwendet werden; für andere Zwecke sind sie zu sperren.

(6) Die Auskunft ist auf Verlangen in Textform zu erteilen, soweit nicht wegen der besonderen Umstände eine andere Form der Auskunftserteilung angemessen ist.

(7) Eine Pflicht zur Auskunftserteilung besteht nicht, wenn der Betroffene nach § 33 Abs. 2 Satz 1 Nr. 2, 3 und 5 bis 7 nicht zu benachrichtigen ist.

(8) Die Auskunft ist unentgeltlich. Werden die personenbezogenen Daten geschäftsmäßig zum Zweck der Übermittlung gespeichert, kann der Betroffene einmal je Kalenderjahr eine unentgeltliche Auskunft in Textform verlangen. Für jede weitere Auskunft kann ein Entgelt verlangt werden, wenn der Betroffene die Auskunft gegenüber Dritten zu wirtschaftlichen Zwecken nutzen kann. Das Entgelt darf über die durch die Auskunftserteilung entstandenen unmittelbar zurechenbaren Kosten nicht hinausgehen. Ein Entgelt kann nicht verlangt werden, wenn

1. besondere Umstände die Annahme rechtfertigen, dass Daten unrichtig oder unzulässig gespeichert werden, oder
2. die Auskunft ergibt, dass die Daten nach § 35 Abs. 1 zu berichtigen oder nach § 35 Abs. 2 Satz 2 Nr. 1 zu löschen sind.

(9) Ist die Auskunftserteilung nicht unentgeltlich, ist dem Betroffenen die Möglichkeit zu geben, sich im Rahmen seines Auskunftsanspruchs persönlich Kenntnis über die ihn betreffenden Daten zu verschaffen. Er ist hierauf hinzuweisen.

§ 35 Berichtigung, Löschung und Sperrung von Daten

(1) Personenbezogene Daten sind zu berichtigen, wenn sie unrichtig sind. Geschätzte Daten sind als solche deutlich zu kennzeichnen.

(2) Personenbezogene Daten können außer in den Fällen des Absatzes 3 Nr. 1 und 2 jederzeit gelöscht werden. Personenbezogene Daten sind zu löschen, wenn

1. ihre Speicherung unzulässig ist,
2. es sich um Daten über die rassische oder ethnische Herkunft, politische Meinungen, religiöse oder philosophische Überzeugungen, Gewerkschaftszugehörigkeit, Gesundheit, Sexualleben, strafbare Handlungen oder Ordnungswidrigkeiten handelt und ihre Richtigkeit von der verantwortlichen Stelle nicht bewiesen werden kann,
3. sie für eigene Zwecke verarbeitet werden, sobald ihre Kenntnis für die Erfüllung des Zwecks der Speicherung nicht mehr erforderlich ist, oder
4. sie geschäftsmäßig zum Zweck der Übermittlung verarbeitet werden und eine Prüfung jeweils am Ende des vierten, soweit es sich um Daten über erledigte Sachverhalte handelt und der Betroffene der Löschung nicht widerspricht, am Ende des dritten Kalenderjahres beginnend mit dem Kalenderjahr, das der erstmaligen Speicherung folgt, ergibt, dass eine längerwährende Speicherung nicht erforderlich ist.

Personenbezogene Daten, die auf der Grundlage von § 28a Abs. 2 Satz 1 oder § 29 Abs. 1 Satz 1 Nr. 3 gespeichert werden, sind nach Beendigung des Vertrages auch zu löschen, wenn der Betroffene dies verlangt.

(3) An die Stelle einer Löschung tritt eine Sperrung, soweit
1. im Fall des Absatzes 2 Satz 2 Nr. 3 einer Löschung gesetzliche, satzungsmäßige oder vertragliche Aufbewahrungsfristen entgegenstehen,
2. Grund zu der Annahme besteht, dass durch eine Löschung schutzwürdige Interessen des Betroffenen beeinträchtigt würden, oder
3. eine Löschung wegen der besonderen Art der Speicherung nicht oder nur mit unverhältnismäßig hohem Aufwand möglich ist.

(4) Personenbezogene Daten sind ferner zu sperren, soweit ihre Richtigkeit vom Betroffenen bestritten wird und sich weder die Richtigkeit noch die Unrichtigkeit feststellen lässt.

(4a) Die Tatsache der Sperrung darf nicht übermittelt werden.

(5) Personenbezogene Daten dürfen nicht für eine automatisierte Verarbeitung oder Verarbeitung in nicht automatisierten Dateien erhoben, verarbeitet oder genutzt werden, soweit der Betroffene dieser bei der verantwortlichen Stelle widerspricht und eine Prüfung ergibt, dass das schutzwürdige Interesse des Betroffenen wegen seiner besonderen persönlichen Situation das Interesse der verantwortlichen Stelle an dieser Erhebung, Verarbeitung oder Nutzung überwiegt. Satz 1 gilt nicht, wenn eine Rechtsvorschrift zur Erhebung, Verarbeitung oder Nutzung verpflichtet.

(6) Personenbezogene Daten, die unrichtig sind oder deren Richtigkeit bestritten wird, müssen bei der geschäftsmäßigen Datenspeicherung zum Zweck der Übermittlung außer in den Fällen des Absatzes 2 Nr. 2 nicht berichtigt, gesperrt oder gelöscht werden, wenn sie aus allgemein zugänglichen Quellen entnommen und zu Dokumentationszwecken gespeichert sind. Auf Verlangen des Betroffenen ist diesen Daten für die Dauer der Speicherung seine Gegendarstellung beizufügen. Die Daten dürfen nicht ohne diese Gegendarstellung übermittelt werden.

(7) Von der Berichtigung unrichtiger Daten, der Sperrung bestrittener Daten sowie der Löschung oder Sperrung wegen Unzulässigkeit der Speicherung sind die Stellen zu verständigen, denen im Rahmen einer Datenübermittlung diese Daten zur Speicherung weitergegeben

wurden, wenn dies keinen unverhältnismäßigen Aufwand erfordert und schutzwürdige Interessen des Betroffenen nicht entgegenstehen.

(8) Gesperrte Daten dürfen ohne Einwilligung des Betroffenen nur übermittelt oder genutzt werden, wenn

1. es zu wissenschaftlichen Zwecken, zur Behebung einer bestehenden Beweisnot oder aus sonstigen im überwiegenden Interesse der verantwortlichen Stelle oder eines Dritten liegenden Gründen unerläßlich ist und
2. die Daten hierfür übermittelt oder genutzt werden dürften, wenn sie nicht gesperrt wären.

aus dem Datenschutzgesetz Mecklenburg-Vorpommern (DSG MV)

Abschnitt 1: Allgemeine Vorschriften

§ 1 Zweck

Zweck dieses Gesetzes ist es, das Recht des Einzelnen zu schützen, grundsätzlich selbst über die Preisgabe und Verwendung seiner Daten zu bestimmen (Recht auf informationelle Selbstbestimmung).

§ 2 Anwendungsbereich

(1) Dieses Gesetz gilt für Behörden und öffentlich-rechtliche Einrichtungen und Stellen des Landes, der Gemeinden, der Ämter, der Landkreise sowie für sonstige der Aufsicht des Landes unterstehende juristische Personen des öffentlichen Rechts (öffentliche Stellen).

(2) Als öffentliche Stellen gelten auch juristische Personen und sonstige Vereinigungen des privaten Rechts, die Aufgaben der öffentlichen Verwaltung wahrnehmen und an denen eine oder mehrere der in Absatz 1 genannten juristischen Personen des öffentlichen Rechts mit absoluter Mehrheit der Anteile oder Stimmen beteiligt sind. Beteiligt sich eine juristische Person oder sonstige Vereinigung des privaten Rechts, auf die dieses Gesetz nach Satz 1 Anwendung findet, an einer weiteren Vereinigung des privaten Rechts, so findet Satz 1 entsprechende Anwendung. Nehmen nicht-öffentliche Stellen hoheitliche Aufgaben der öffentlichen Verwaltung wahr, sind sie insoweit öffentliche Stellen im Sinne dieses Gesetzes.

(3) Für automatisierte Dateien, die ausschließlich aus verarbeitungstechnischen Gründen vorübergehend erstellt und nach ihrer verarbeitungstechnischen Verwendung gelöscht werden, sowie für Vorentwürfe und Notizen, die nicht Bestandteil eines Vorgangs werden sollen und alsbald vernichtet werden, gelten nur die §§ 6, 21 und 22 sowie die §§ 29 bis 33. Diese Daten sind vor dem Zugriff Unbefugter zu schützen.

(4) Soweit besondere Rechtsvorschriften den Umgang mit personenbezogenen Daten regeln, gehen sie den Vorschriften dieses Gesetzes vor. Für die Gerichte sowie für die Behörden der Staatsanwaltschaft gilt dieses Gesetz nur, soweit sie Verwaltungsaufgaben wahrnehmen. Darüber hinaus gelten für die Behörden der Staatsanwaltschaft, soweit sie keine Verwaltungsaufgaben wahrneh-

men, die §§ 18, 26, 29 bis 33 und 35 sowie die §§ 39 bis 41; die §§ 24 und 25 finden keine Anwendung.

(5) Soweit öffentlich-rechtliche Unternehmen am Wettbewerb teilnehmen, gelten für sie nur die §§ 18, 26, 29 bis 33 und 35 sowie die §§ 38 bis 41. Mit Ausnahme der Vorschriften über die Meldepflichten und die Aufsichtsbehörde (§§ 4d, 4e und 38) sind im Übrigen die für nicht-öffentliche Stellen geltenden Vorschriften des Bundesdatenschutzgesetzes in der Fassung der Bekanntmachung vom 14. Januar 2003 (BGBl. I S. 66) einschließlich der §§ 43 und 44 anwendbar.

(6) Für Gnadenverfahren findet dieses Gesetz keine Anwendung.

§ 3 Begriffsbestimmungen

(1) Personenbezogene Daten sind Einzelangaben über persönliche oder sachliche Verhältnisse einer bestimmten oder bestimmbaren natürlichen Person (Betroffener).

(2) Eine Datei ist
1. eine Sammlung personenbezogener Daten, die durch automatisierte Verfahren verarbeitet und ausgewertet werden kann (automatisierte Datei) oder
2. jede sonstige strukturierte Sammlung personenbezogener Daten, die nach bestimmten Kriterien zugänglich ist (nicht-automatisierte Datei).

(3) Eine Akte ist jede sonstige amtlichen oder dienstlichen Zwecken dienende Unterlage einschließlich Bild- und Tonträgern, soweit sie nicht eine Datei im Sinne von Absatz 2 ist. Nicht hierunter fallen Vorentwürfe oder Notizen, die nicht Bestandteil eines Vorgangs werden sollen.

(4) Datenverarbeitung ist jede Verwendung personenbezogener Daten im Sinne der nachfolgenden Vorschriften. Dabei ist
1. Erheben das Beschaffen von Daten,
2. Speichern das Erfassen, Aufnehmen oder Aufbewahren von Daten auf einem Datenträger; dazu zählt auch das Vervielfältigen,
3. Verändern das inhaltliche Umgestalten gespeicherter Daten,
4. Übermitteln das Bekanntgeben erhobener, gespeicherter oder durch sonstige Verarbeitung gewonnener Daten an Dritte in der Weise, dass die Daten durch die Daten verarbeitende Stelle weitergegeben werden oder dass Dritte von der Daten verarbeiten-

den Stelle zur Einsicht oder zum Abruf bereit gehaltene Daten einsehen oder abrufen,

5. Sperren das Verhindern weiterer Verarbeitung gespeicherter Daten, ausgenommen in den Fällen, in denen dieses Gesetz die Verarbeitung der Daten zulässt,
6. Löschen das dauerhafte Unkenntlichmachen gespeicherter Daten,
7. Nutzen die inhaltliche Auswertung und Verwendung von Daten,
8. Anonymisieren das Verändern personenbezogener Daten derart, dass die Einzelangaben über persönliche und sachliche Verhältnisse nicht mehr oder nur mit unverhältnismäßig hohem Aufwand einer bestimmten oder bestimmbaren natürlichen Person zugeordnet werden können,
9. Pseudonymisieren das Verändern personenbezogener Daten derart, dass die Einzelangaben über persönliche und sachliche Verhältnisse ohne Anwendung der Zuordnungsfunktion nicht mehr oder nur mit unverhältnismäßig hohem Aufwand einer bestimmten oder bestimmbaren natürlichen Person zugeordnet werden können,
10. Verschlüsseln das Verändern personenbezogener Daten derart, dass ohne Entschlüsselung die Kenntnisnahme des Inhaltes der Daten nicht oder nur mit unverhältnismäßig hohem Aufwand möglich ist.

(5) Daten verarbeitende Stelle ist jede öffentliche Stelle, die personenbezogene Daten für sich selbst verarbeitet oder durch andere in ihrem Auftrag verarbeiten lässt.

(6) Dritter ist jede Person oder Stelle außerhalb der Daten verarbeitenden Stelle. Dritte sind nicht der Betroffene sowie diejenigen Personen oder Stellen, die im Geltungsbereich der Rechtsvorschriften zum Schutz personenbezogener Daten der Mitgliedsstaaten der Europäischen Union oder in einem anderen Vertragsstaat des Abkommens über den Europäischen Wirtschaftsraum im Auftrag tätig werden.

(7) Stellen innerhalb des öffentlichen Bereichs sind öffentliche Stellen nach § 2 Abs. 1 und 2, öffentliche Stellen des Bundes und der anderen Länder nach § 2 des Bundesdatenschutzgesetzes sowie öffentliche Stellen der Europäischen Union, ihrer Mitgliedsstaaten oder eines anderen Vertragsstaates des Abkommens über den Europäischen Wirtschaftsraum.

(8) Verbundverfahren sind automatisierte Verfahren, die mehreren Daten verarbeitenden Stellen gemeinsam die Verarbeitung personenbezogener Daten ermöglichen.

(9) Abrufverfahren sind automatisierte Verfahren, die die Übermittlung personenbezogener Daten durch Abruf ermöglichen.

(10) Mobile Datenverarbeitungssysteme sind informationstechnische Systeme, die zum Einsatz in automatisierten Verfahren bestimmt sind, an die Betroffenen ausgegeben werden und über eine von der ausgebenden Stelle oder Dritten bereitgestellte Schnittstelle personenbezogene Daten automatisiert austauschen können.

Abschnitt 2: Verarbeitung von personenbezogenen Daten

§ 7 Grundsatz

(1) Die Verarbeitung von personenbezogenen Daten ist nur zulässig, soweit
1. die Vorschriften dieses Gesetzes sie zulassen,
2. eine andere Rechtsvorschrift sie erlaubt oder zwingend voraussetzt oder
3. der Betroffene eingewilligt hat.

(2) Die Verarbeitung personenbezogener Daten,
1. aus denen die rassische oder ethnische Herkunft, politische Meinungen, religiöse oder weltanschauliche Überzeugungen oder die Gewerkschaftszugehörigkeit hervorgehen oder
2. die die Gesundheit oder das Sexualleben betreffen,
ist nur zulässig, wenn eine Rechtsvorschrift, die den Zweck der Verarbeitung bestimmt, sie ausdrücklich erlaubt.

(3) Abweichend von Absatz 2 ist die Verarbeitung der dort genannten Daten zulässig,
1. wenn der Betroffene ausdrücklich eingewilligt hat,
2. auf der Grundlage der §§ 34, 35 und 39,
3. wenn dies zum Zweck der Gesundheitsvorsorge, der medizinischen Diagnostik, der Gesundheitsversorgung oder Behandlung oder für die Verwaltung von Gesundheitsdiensten erforderlich ist und die Verarbeitung dieser Daten durch ärztliches Personal oder durch sonstige Personen erfolgt, die einer entsprechenden Geheimhaltungspflicht unterliegen,
4. wenn sie ausschließlich im Interesse des Betroffenen liegt und der Landesbeauftragte für den Datenschutz zuvor gehört worden ist. In Eilfällen kann die Anhörung nachgeholt werden.

(4) Privatrechtliche Stellen oder Vereinigungen, die nach § 2 Abs. 2 als öffentliche Stellen gelten, dürfen personenbezogene Daten, die Straftaten betreffen, nur unter behördlicher Aufsicht oder aufgrund

einer Rechtsvorschrift verarbeiten, die den Zweck der Verarbeitung bestimmt.

(5) Sind die zur Aufgabenerfüllung notwendigen Daten in Akten oder in nicht-automatisierten Dateien mit anderen oder mit gesperrten Daten derart verbunden, dass eine Trennung der Daten nicht oder nur mit unverhältnismäßig hohem Aufwand möglich ist, so sind die Kenntnisnahme, die Mitspeicherung sowie die Übermittlung auch der nicht benötigten Daten zulässig, soweit nicht schutzwürdige Belange des Betroffenen überwiegen. Diese Daten dürfen nicht weiter verarbeitet werden. Darauf ist der Empfänger im Falle der Übermittlung in geeigneter Weise hinzuweisen.

§ 8 Einwilligung

(1) Die Einwilligung des Betroffenen bedarf der Schriftform, soweit nicht wegen besonderer Umstände eine andere Form angemessen ist. Sie muss sich im Falle einer Datenverarbeitung nach § 7 Abs. 2 ausdrücklich auch auf die dort genannten Daten beziehen. Soll die Einwilligung zusammen mit anderen Erklärungen schriftlich eingeholt werden, so ist die Einwilligungserklärung im äußeren Erscheinungsbild des Schriftstücks hervorzuheben. Der Betroffene ist in geeigneter Weise über die Bedeutung und Tragweite der Einwilligung, insbesondere über die Art und den Umfang der Verarbeitung sowie über Empfänger beabsichtigter Übermittlungen von Daten, aufzuklären. Die Anschrift der Daten verarbeitenden Stelle ist ihm mitzuteilen. Der Betroffene ist unter Darlegung der Rechtsfolgen darauf hinzuweisen, dass er die Einwilligung verweigern und mit Wirkung für die Zukunft widerrufen kann.

(2) Die Einwilligung kann auch elektronisch erklärt werden. § 3a des Landesverwaltungsverfahrensgesetzes gilt entsprechend.

§ 9 Erheben

(1) Das Erheben personenbezogener Daten ist zulässig, wenn deren Kenntnis zur rechtmäßigen Erfüllung einer in der Zuständigkeit der Daten verarbeitenden Stelle liegenden Aufgabe erforderlich ist, der Zweck der Erhebung hinreichend bestimmt ist und die Daten ohne Verstoß gegen Rechtsvorschriften offenbart werden können.

(2) Personenbezogene Daten sind beim Betroffenen und mit seiner Kenntnis zu erheben, es sei denn, dass eine Rechtsvorschrift eine

andere Art der Erhebung erlaubt oder zwingend voraussetzt oder dass der Betroffene in eine andere Art der Erhebung eingewilligt hat.

(3) Werden personenbezogene Daten beim Betroffenen mit seiner Kenntnis erhoben, so ist er von der Daten verarbeitenden Stelle in geeigneter Weise über den Zweck der Erhebung, die Art und den Umfang der Verarbeitung, über Empfänger beabsichtigter Übermittlungen der Daten sowie über das Bestehen von Auskunfts- oder Berichtigungsansprüchen aufzuklären. Die Anschrift der Daten verarbeitenden Stelle ist ihm mitzuteilen. Werden die Daten aufgrund einer Rechtsvorschrift erhoben, die zur Auskunft verpflichtet, oder ist die Erteilung der Auskunft Voraussetzung für die Gewährung von Rechtsvorteilen, so ist der Betroffene hierauf, sonst auf die Freiwilligkeit seiner Angaben hinzuweisen. Er ist über die Rechtsvorschrift und über die Folgen der Verweigerung von Angaben aufzuklären.

(4) Werden personenbezogene Daten nicht beim Betroffenen, sondern bei anderen Personen sowie bei nicht-öffentlichen Stellen aufgrund einer Rechtsvorschrift, die zur Auskunft verpflichtet, erhoben, so sind diese auf die Rechtsgrundlage, sonst auf die Freiwilligkeit ihrer Angaben hinzuweisen. Der Betroffene ist bei Beginn der Speicherung in geeigneter Weise über die Erhebung entsprechend Absatz 3 Satz 1 und 2 zu unterrichten, wenn und soweit dadurch die Erfüllung der Aufgabe der erhebenden Stelle nicht gefährdet ist.

§ 10 Nutzen

(1) Das Nutzen personenbezogener Daten ist zulässig, wenn und soweit es zur Erfüllung einer in der Zuständigkeit der Daten verarbeitenden Stelle liegenden Aufgabe erforderlich ist.

(2) Personenbezogene Daten dürfen nur für den Zweck genutzt werden, für den sie erhoben worden sind. Ist keine Erhebung vorausgegangen, so dürfen die Daten für den Zweck genutzt werden, für den sie bei ihrer erstmaligen Speicherung bestimmt wurden. Empfänger übermittelter Daten dürfen diese für den bei ihrer Übermittlung bestimmten Zweck nutzen.

(3) Das Nutzen personenbezogener Daten zu anderen Zwecken ist nur zulässig, wenn
1. eine Rechtsvorschrift dies vorsieht oder zwingend voraussetzt,
2. der Betroffene eingewilligt hat,

3. offensichtlich ist, dass es im Interesse des Betroffenen liegt, und kein Grund zu der Annahme besteht, dass er in Kenntnis des anderen Zwecks seine Einwilligung verweigern würde,

4. Angaben des Betroffenen überprüft werden müssen, weil tatsächliche Anhaltspunkte für deren Unrichtigkeit bestehen,

5. die Daten aus allgemein zugänglichen Quellen entnommen werden können oder die Daten verarbeitende Stelle sie veröffentlichen dürfte, es sei denn, dass das schutzwürdige Interesse des Betroffenen an dem Ausschluss der Zweckänderung offensichtlich überwiegt,

6. es zur Abwehr erheblicher Nachteile für das Gemeinwohl oder einer sonst unmittelbar drohenden Gefahr für die öffentliche Sicherheit erforderlich ist,

7. es zur Verfolgung von Straftaten und Ordnungswidrigkeiten, zur Vollstreckung oder zum Vollzug von Strafen oder Maßnahmen im Sinne des § 11 Abs. 1 Nr. 8 des Strafgesetzbuches oder von Erziehungsmaßregeln oder Zuchtmitteln im Sinne des Jugendgerichtsgesetzes in der Fassung der Bekanntmachung vom 11. Dezember 1974 (BGBl. I S. 3427), zuletzt geändert nach Maßgabe des Artikels 8 durch Artikel 3 des Gesetzes vom 26. Januar 1998 (BGBl. I S. 160), oder zur Vollstreckung von Bußgeldentscheidungen erforderlich ist,

8. es zur Abwehr einer schwerwiegenden Beeinträchtigung der Rechte einer anderen Person erforderlich ist oder

9. es zur Durchführung wissenschaftlicher Forschung erforderlich ist, das wissenschaftliche Interesse an der Durchführung des Forschungsvorhabens das Interesse des Betroffenen an dem Ausschluss der Zweckänderung erheblich überwiegt und der Zweck der Forschung auf andere Weise nicht oder nur mit unverhältnismäßigem Aufwand erreicht werden kann.

Der andere Zweck muss hinreichend bestimmt sein. Besondere Amts- oder Berufsgeheimnisse bleiben unberührt. Für Daten im Sinne von § 7 Abs. 2 findet Satz 1 Nr. 3 keine Anwendung.

(4) Personenbezogene Daten, die für andere Zwecke erhoben oder erstmalig gespeichert worden sind, dürfen zu Zwecken der Ausübung von Aufsichts- und Kontrollbefugnissen, der Rechnungsprüfung oder der Durchführung von Organisationsuntersuchungen in dem dafür erforderlichen Umfang genutzt werden. Der Zugriff auf personenbezogene Daten ist nur insoweit zulässig, als dieser für die Ausübung der Befugnisse nach Satz 1 unerlässlich oder unvermeidbar ist. Eine Nutzung personenbezogener Daten zu Ausbildungs- und Prüfungszwecken ist zulässig, soweit nicht überwiegende schutzwürdige Interessen des Betroffenen entgegenstehen.

(5) Gesperrte Daten dürfen ohne Einwilligung des Betroffenen nur genutzt werden, wenn

1. es zu wissenschaftlichen Zwecken, zur Behebung einer bestehenden Beweisnot oder aus sonstigen im überwiegenden Interesse der Daten verarbeitenden Stelle oder eines Dritten liegenden Gründen unerlässlich ist und

2. die Daten hierfür genutzt werden dürften, wenn sie nicht gesperrt wären.

(6) Personenbezogene Daten, die ausschließlich zu Zwecken der Datenschutzkontrolle, der Datensicherheit oder zur Sicherstellung des ordnungsgemäßen Betriebes einer Datenverarbeitungsanlage gespeichert werden, dürfen nicht für andere Zwecke genutzt werden, es sei denn, der Betroffene willigt ein.

§ 11 Speichern, Verändern

(1) Das Speichern und Verändern personenbezogener Daten ist zulässig, wenn es zur Erfüllung einer in der Zuständigkeit der Daten verarbeitenden Stelle liegenden Aufgabe erforderlich ist.

(2) Personenbezogene Daten dürfen nur zu Zwecken ihrer zulässigen Nutzung nach § 10 und in dem dafür notwendigen Umfang gespeichert oder verändert werden.

§ 12 Automatisierte Einzelentscheidung

Entscheidungen, die für den Betroffenen eine rechtliche Folge nach sich ziehen oder ihn erheblich beeinträchtigen, dürfen nicht ausschließlich auf der automatisierten Verarbeitung personenbezogener Daten zum Zwecke der Bewertung einzelner Persönlichkeitsmerkmale beruhen, sondern sind in jedem Einzelfall durch eine natürliche Person zu überprüfen. Satz 1 gilt nicht, wenn

1. ein Gesetz dies vorsieht oder

2. der Betroffene vor der Entscheidung die Möglichkeit erhält, seine besonderen persönlichen Interessen geltend zu machen.

§ 13 Berichtigen, Sperren und Löschen

(1) Personenbezogene Daten sind zu berichtigen, wenn sie unrichtig sind. Sind personenbezogene Daten in nicht-automatisierten Dateien oder Akten zu berichtigen, so soll in geeigneter Weise kenntlich gemacht werden, zu welchem Zeitpunkt und aus welchem Grunde sie unrichtig waren oder geworden sind. Personenbezogene

Daten sind zu ergänzen, wenn der Zweck der Speicherung oder das berechtigte Interesse des Betroffenen dies erfordern.

(2) Personenbezogene Daten sind zu löschen, wenn
1. sie unrichtig sind und die Daten verarbeitende Stelle keine Kenntnis der richtigen Daten erlangen kann,
2. ihre Erhebung unzulässig war,
3. ihre Speicherung unzulässig ist oder
4. ihre Speicherung zur Erfüllung der in der Zuständigkeit der Daten verarbeitenden Stelle liegenden Aufgabe nicht mehr erforderlich ist.

(3) An Stelle der Berichtigung oder Löschung tritt eine Sperrung, solange
1. einer Löschung nach Absatz 2 Nr. 4 Rechtsvorschriften entgegenstehen,
2. Grund zur Annahme besteht, dass durch die Berichtigung oder Löschung schutzwürdige Interessen des Betroffenen beeinträchtigt würden,
3. eine Löschung wegen der besonderen Art der Speicherung nicht oder nur mit unverhältnismäßig hohem Aufwand möglich ist oder
4. es der Betroffene nach § 25 verlangt.

(4) Sind personenbezogene Daten in Akten oder nicht-automatisierten Dateien gespeichert, ist die Löschung nach Absatz 2 Nr. 4 nur durchzuführen, wenn die gesamte Akte oder nicht-automatisierte Datei zur Aufgabenerfüllung nicht mehr erforderlich ist. Soweit hiernach eine Löschung nicht in Betracht kommt, sind die Daten zu sperren.

(5) Gesperrte Daten sind gesondert zu speichern. Ist dies nicht möglich, so sind die Daten mit einem entsprechenden Vermerk zu versehen. Gesperrte Daten dürfen über ihre Speicherung hinaus, außer zu Zwecken ihrer zulässigen Nutzung und in den Fällen des § 7 Abs. 5, nicht mehr verarbeitet werden. Gesperrte Daten dürfen vor Ablauf ihrer Sperrfrist nur verändert oder gelöscht werden, wenn ein Grund für eine Berichtigung gegeben ist; in diesem Falle ist der ursprüngliche Zustand zu dokumentieren.

(6) Soweit öffentliche Stellen verpflichtet sind, Unterlagen einem öffentlichen Archiv zur Übernahme anzubieten, darf eine Löschung erst erfolgen, wenn das zuständige öffentliche Archiv die Übernahme abgelehnt oder über sie nicht fristgerecht entschieden hat.

(7) Werden durch eine Daten verarbeitende Stelle unrichtige, unzulässig erhobene oder unzulässig gespeicherte Daten berichtigt, ge-

sperrt oder gelöscht, so benachrichtigt diese andere Stellen, die diese Daten ebenfalls verarbeiten, insbesondere die Empfänger von Übermittlungen. Die Unterrichtung kann unterbleiben, wenn sie einen unverhältnismäßig hohen Aufwand erfordern würde und kein Grund zur Annahme besteht, dass dadurch schutzwürdige Interessen des Betroffenen beeinträchtigt werden.

§ 14 Übermittlung an Stellen innerhalb des öffentlichen Bereichs

(1) Die Übermittlung personenbezogener Daten an Stellen innerhalb des öffentlichen Bereichs ist zulässig, wenn dies zur Erfüllung einer in der Zuständigkeit der Daten verarbeitenden Stelle liegenden Aufgabe erforderlich ist oder wenn die Nutzung der Daten zur Erfüllung einer in der Zuständigkeit des Empfängers liegenden Aufgabe erforderlich und nach § 10 zulässig ist.

(2) Die Verantwortung für die Zulässigkeit der Übermittlung trägt die übermittelnde Stelle. Erfolgt die Übermittlung auf Ersuchen des Empfängers, trägt dieser die Verantwortung. In diesem Falle prüft die übermittelnde Stelle nur, ob das Übermittlungsersuchen im Rahmen der Aufgaben des Empfängers liegt, es sei denn, dass besonderer Anlass zur Prüfung der Zulässigkeit der Übermittlung besteht.

(3) Für die Übermittlung personenbezogener Daten an Stellen der öffentlich-rechtlichen Religionsgesellschaften gelten die Absätze 1 und 2 entsprechend, sofern sichergestellt ist, dass bei dem Empfänger ausreichend Datenschutzmaßnahmen getroffen werden. Die Feststellung trifft das Innenministerium nach Anhörung des Landesbeauftragten für den Datenschutz.

§ 15 Übermittlung an inländische nicht-öffentliche Stellen

(1) Die Übermittlung personenbezogener Daten an inländische Stellen außerhalb des öffentlichen Bereichs ist zulässig, wenn dies zur Erfüllung einer in der Zuständigkeit der Daten verarbeitenden Stelle liegenden Aufgabe erforderlich ist. Darüber hinaus ist sie zulässig, wenn der Empfänger ein berechtigtes Interesse an der Kenntnis der zu übermittelnden Daten glaubhaft darlegt und der Betroffene kein schutzwürdiges Interesse an dem Ausschluss der Übermittlung hat. In diesem Falle unterrichtet die übermittelnde Stelle den Betroffenen von der Übermittlung. Dies gilt nicht, wenn er davon auf andere Weise Kenntnis erlangt oder wenn die Unterrichtung

die öffentliche Sicherheit gefährden oder sonst dem Wohle des Bundes oder eines Landes Nachteile bereiten würde.

(2) Die Verantwortung für die Zulässigkeit der Übermittlung trägt die übermittelnde Stelle. Der Empfänger darf die übermittelten Daten nur für den Zweck verarbeiten oder nutzen, zu dessen Erfüllung sie ihm übermittelt werden. Die übermittelnde Stelle hat ihn darauf hinzuweisen. Eine Verarbeitung oder Nutzung für andere Zwecke ist zulässig, wenn eine Übermittlung nach Absatz 1 zulässig wäre und die übermittelnde Stelle zugestimmt hat.

Abschnitt 3: Rechte des Betroffenen

§ 24 Auskunft, Akteneinsicht

(1) Dem Betroffenen ist auf Antrag Auskunft zu erteilen über
1. die zu seiner Person gespeicherten Daten,
2. die verfügbaren Informationen über die Herkunft der Daten und die Empfänger, an die die Daten übermittelt werden,
3. den Zweck und die Rechtsgrundlage der Verarbeitung,
4. die Funktionsweise des Verarbeitungsverfahrens im Falle einer zulässigen automatisierten Einzelentscheidung nach § 12.
In dem Antrag soll die Art der personenbezogenen Daten, über die Auskunft erteilt werden soll, näher bezeichnet werden. Sind die personenbezogenen Daten in Akten gespeichert, soll der Betroffene Angaben machen, die das Auffinden der Daten ermöglichen. Die speichernde Stelle bestimmt das Verfahren, insbesondere die Form der Auskunftserteilung, nach pflichtgemäßem Ermessen.

(2) Bezieht sich die Auskunftserteilung auf die Übermittlung personenbezogener Daten an Verfassungsschutzbehörden, den Bundesnachrichtendienst, den Militärischen Abschirmdienst und, soweit die Sicherheit des Bundes berührt wird, andere Behörden des Bundesministeriums der Verteidigung, ist sie nur mit Zustimmung dieser Stellen zulässig.

(3) Den Betroffenen kann statt der Auskunft Einsicht in die zu ihrer Person gespeicherten Daten gewährt werden. Die Einsicht wird nicht gewährt, soweit diese mit personenbezogenen Daten Dritter oder geheimhaltungsbedürftigen nicht personenbezogenen Daten derart verbunden sind, dass ihre Trennung nicht oder nur mit unverhältnismäßigem Aufwand möglich ist. Rechtsvorschriften über Akteneinsicht im Verwaltungsverfahren bleiben unberührt.

(4) Die Auskunftserteilung oder die Gewährung von Einsicht unterbleibt, soweit eine Prüfung ergibt, dass

1. dadurch die Erfüllung der Aufgaben der Daten verarbeitenden Stelle, einer übermittelnden Stelle oder einer empfangenden Stelle gefährdet würde,
2. dadurch die öffentliche Sicherheit gefährdet würde oder sonst dem Wohle des Bundes oder eines Landes schwere Nachteile entstehen würden oder
3. die personenbezogenen Daten oder die Tatsache ihrer Speicherung nach einer Rechtsvorschrift oder wegen der berechtigten Interessen einer dritten Person geheim gehalten werden müssen.

(5) Die Ablehnung der Auskunftserteilung und die Versagung der Einsichtnahme bedürfen keiner Begründung, soweit durch die Mitteilung der tatsächlichen und rechtlichen Gründe, auf die die Entscheidung gestützt wird, der mit der Auskunftsverweigerung oder der Versagung der Akteneinsicht verfolgte Zweck gefährdet würde. In diesem Fall ist der Betroffene darauf hinzuweisen, dass er sich an den Landesbeauftragten für den Datenschutz wenden kann.

(6) Wird dem Betroffenen keine Auskunft oder Einsicht gewährt, so ist sie auf sein Verlangen dem Landesbeauftragten für den Datenschutz zu erteilen, soweit nicht die jeweils zuständige oberste Landesbehörde im Einzelfall feststellt, dass dadurch die Sicherheit des Bundes oder eines Landes gefährdet würde. Die Mitteilung des Landesbeauftragten für den Datenschutz an den Betroffenen darf keine Rückschlüsse auf den Erkenntnisstand der Daten verarbeitenden Stelle zulassen, sofern diese nicht einer weitergehenden Auskunft zugestimmt hat.

(7) Auskunft und Akteneinsicht sind unentgeltlich.

§ 25 Sperrung und Widerspruch durch den Betroffenen

(1) Der Betroffene hat das Recht, personenbezogene Daten sperren zu lassen, soweit er deren Richtigkeit bestreitet und sich weder die Richtigkeit noch die Unrichtigkeit nachweisen lässt.

(2) Der Betroffene hat das Recht, bis zur Klärung von Schadensersatzansprüchen unrichtige, unzulässig erhobene oder unzulässig gespeicherte Daten zu seiner Person, die bereits genutzt wurden, auf Antrag bei der Daten verarbeitenden Stelle sperren zu lassen. Die Sperrung wird nach Ablauf von sechs Monaten vom Zeitpunkt des Sperrantrags an unwirksam, wenn durch den Betroffenen innerhalb

dieses Zeitraums kein Schadensersatzanspruch gerichtlich geltend gemacht wurde.

(3) Der Betroffene kann gegenüber der Daten verarbeitenden Stelle der Verarbeitung seiner Daten schriftlich widersprechen, wenn er geltend macht, dass die Verarbeitung seine besonderen persönlichen Interessen beeinträchtigt. In diesem Fall ist die Datenverarbeitung nur zulässig, wenn sie überwiegend im öffentlichen Interesse liegt. Das Prüfungsergebnis mit Begründung ist dem Betroffenen schriftlich mitzuteilen. Die Sätze 1 bis 3 finden keine Anwendung auf Verfahren, die der Gefahrenabwehr, der Strafverfolgung oder der Steuerfahndung dienen.

(4) Der Betroffene ist von der Daten verarbeitenden Stelle über ihre Absicht der Weitergabe seiner Daten zum Zwecke der Direktwerbung rechtzeitig zu informieren. Er ist ausdrücklich auf sein Recht hinzuweisen, einer solchen Weitergabe kostenfrei zu widersprechen.

§ 26 Anrufung des Landesbeauftragten für den Datenschutz

Jeder hat das Recht, sich an den Landesbeauftragten für den Datenschutz zu wenden, wenn er annimmt, bei der Verarbeitung seiner personenbezogenen Daten durch eine der Kontrolle des Landesbeauftragten für den Datenschutz unterliegenden Stelle in seinen Rechten verletzt worden zu sein; Beschäftigte öffentlicher Stellen können sich dabei ohne Einhaltung des Dienstwegs an den Landesbeauftragten für den Datenschutz wenden.

§ 27 Schadensersatz

(1) Verletzt eine Daten verarbeitende Stelle durch eine unzulässige oder unrichtige automatisierte Verarbeitung personenbezogener Daten die Rechte eines Betroffenen, so ist sie ihm unabhängig von einem Verschulden zum Ersatz des daraus entstehenden Schadens verpflichtet.

(2) Die Schadensersatzpflicht der Daten verarbeitenden Stelle tritt auch bei nicht-automatisierter Verarbeitung ein, es sei denn, die Daten verarbeitende Stelle weist nach, dass sie den Schaden nicht zu vertreten hat.

(3) Bei einer schweren Verletzung des Persönlichkeitsrechts ist dem Betroffenen der Schaden, der nicht Vermögensschaden ist, angemessen in Geld zu ersetzen.

(4) Die Ansprüche nach den Absätzen 1 bis 3 sind insgesamt bis zu einer Höhe von 125 000 Euro begrenzt. Ist aufgrund desselben Ereignisses an mehrere Personen Schadensersatz zu leisten, der insgesamt den Höchstbetrag von 125 000 Euro übersteigt, so verringern sich die einzelnen Schadensersatzleistungen in dem Verhältnis, in dem ihr Gesamtbetrag zu dem Höchstbetrag steht.

(5) Sind an einem Verfahren mehrere Daten verarbeitende Stellen beteiligt und ist der Geschädigte nicht in der Lage, die verursachende Stelle festzustellen, so haftet jede dieser Stellen.

(6) Mehrere Ersatzpflichtige haften als Gesamtschuldner.

(7) Hat bei der Entstehung des Schadens ein Verschulden des Betroffenen mitgewirkt, so gilt § 254 des Bürgerlichen Gesetzbuchs entsprechend. Auf die Verjährung finden die für unerlaubte Handlungen geltenden Verjährungsvorschriften des Bürgerlichen Gesetzbuchs entsprechende Anwendung.

(8) Vorschriften, nach denen ein Ersatzpflichtiger in weiterem Umfang als nach dieser Vorschrift haftet oder nach denen ein anderer für den Schaden verantwortlich ist, bleiben unberührt.

(9) Der Rechtsweg vor den ordentlichen Gerichten steht offen.

§ 28 Unabdingbarkeit der Rechte Betroffener

Die Rechte nach den §§ 24 bis 27 können auch durch die Einwilligung des Betroffenen nicht ausgeschlossen oder beschränkt werden.

aus dem SGB I

§ 35 Sozialgeheimnis

(1) Jeder hat Anspruch darauf, daß die ihn betreffenden Sozialdaten (§ 67 Abs. 1 Zehntes Buch) von den Leistungsträgern nicht unbefugt erhoben, verarbeitet oder genutzt werden (Sozialgeheimnis). Die Wahrung des Sozialgeheimnisses umfaßt die Verpflichtung, auch innerhalb des Leistungsträgers sicherzustellen, daß die Sozialdaten nur Befugten zugänglich sind oder nur an diese weitergegeben werden. Sozialdaten der Beschäftigten und ihrer Angehörigen dürfen Personen, die Personalentscheidungen treffen oder daran mitwirken können, weder zugänglich sein noch von Zugriffsberechtigten weitergegeben werden. Der Anspruch richtet sich auch gegen die Verbände der Leistungsträger, die Arbeitsgemeinschaften der Leistungsträger und ihrer Verbände, die Datenstelle der Träger der Rentenversicherung, die Zentrale Speicherstelle bei der Datenstelle der Träger der Deutschen Rentenversicherung, soweit sie Aufgaben nach § 99 des Vierten Buches, und die Registratur Fachverfahren bei der Informationstechnischen Servicestelle der Gesetzlichen Krankenversicherung, soweit sie Aufgaben nach § 100 des Vierten Buches wahrnimmt, die in diesem Gesetzbuch genannten öffentlich-rechtlichen Vereinigungen, gemeinsame Servicestellen, Integrationsfachdienste, die Künstlersozialkasse, die Deutsche Post AG, soweit sie mit der Berechnung oder Auszahlung von Sozialleistungen betraut ist, die Behörden der Zollverwaltung, soweit sie Aufgaben nach § 2 des Schwarzarbeitsbekämpfungsgesetzes und § 66 des Zehnten Buches durchführen, die Versicherungsämter und Gemeindebehörden, sowie die anerkannten Adoptionsvermittlungsstellen (§ 2 Abs. 2 des Adoptionsvermittlungsgesetzes), soweit sie Aufgaben nach diesem Gesetzbuch wahrnehmen und die Stellen, die Aufgaben nach § 67c Abs. 3 des Zehnten Buches wahrnehmen. Die Beschäftigten haben auch nach Beendigung ihrer Tätigkeit bei den genannten Stellen das Sozialgeheimnis zu wahren.

(2) Eine Erhebung, Verarbeitung und Nutzung von Sozialdaten ist nur unter den Voraussetzungen des Zweiten Kapitels des Zehnten Buches zulässig.

(3) Soweit eine Übermittlung nicht zulässig ist, besteht keine Auskunftspflicht, keine Zeugnispflicht und keine Pflicht zur Vorlegung oder Auslieferung von Schriftstücken, nicht automatisierten Dateien und automatisiert erhobenen, verarbeiteten oder genutzten Sozialdaten.

(4) Betriebs- und Geschäftsgeheimnisse stehen Sozialdaten gleich.

(5) Sozialdaten Verstorbener dürfen nach Maßgabe des Zweiten Kapitels des Zehnten Buches verarbeitet oder genutzt werden. Sie dürfen außerdem verarbeitet oder genutzt werden, wenn schutzwürdige Interessen des Verstorbenen oder seiner Angehörigen dadurch nicht beeinträchtigt werden können.

aus dem SGB X

Zweites Kapitel: Schutz der Sozialdaten
Erster Abschnitt: Begriffsbestimmungen

§ 67 Begriffsbestimmungen

(1) Sozialdaten sind Einzelangaben über persönliche oder sachliche Verhältnisse einer bestimmten oder bestimmbaren natürlichen Person (Betroffener), die von einer in § 35 des Ersten Buches genannten Stelle im Hinblick auf ihre Aufgaben nach diesem Gesetzbuch erhoben, verarbeitet oder genutzt werden. Betriebs- und Geschäftsgeheimnisse sind alle betriebs- oder geschäftsbezogenen Daten, auch von juristischen Personen, die Geheimnischarakter haben.

(2) Aufgaben nach diesem Gesetzbuch sind, soweit dieses Kapitel angewandt wird, auch
1. Aufgaben auf Grund von Verordnungen, deren Ermächtigungsgrundlage sich im Sozialgesetzbuch befindet,
2. Aufgaben auf Grund von über- und zwischenstaatlichem Recht im Bereich der sozialen Sicherheit,
3. Aufgaben auf Grund von Rechtsvorschriften, die das Erste und Zehnte Buch des Sozialgesetzbuches für entsprechend anwendbar erklären, und
4. Aufgaben auf Grund des Arbeitssicherheitsgesetzes und Aufgaben, soweit sie den in § 35 des Ersten Buches genannten Stellen durch Gesetz zugewiesen sind. § 8 Abs. 1 Satz 3 des Arbeitssicherheitsgesetzes bleibt unberührt.

(3) Automatisiert im Sinne dieses Gesetzbuches ist die Erhebung, Verarbeitung oder Nutzung von Sozialdaten, wenn sie unter Einsatz von Datenverarbeitungsanlagen durchgeführt wird (automatisierte Verarbeitung). Eine nicht automatisierte Datei ist jede nicht automatisierte Sammlung von Sozialdaten, die gleichartig aufgebaut ist und nach bestimmten Merkmalen zugänglich ist und ausgewertet werden kann.

(4) (weggefallen)

(5) Erheben ist das Beschaffen von Daten über den Betroffenen.

(6) Verarbeiten ist das Speichern, Verändern, Übermitteln, Sperren und Löschen von Sozialdaten. Im Einzelnen ist, ungeachtet der dabei angewendeten Verfahren,

1. Speichern das Erfassen, Aufnehmen oder Aufbewahren von Sozialdaten auf einem Datenträger zum Zwecke ihrer weiteren Verarbeitung oder Nutzung,
2. Verändern das inhaltliche Umgestalten gespeicherter Sozialdaten,
3. Übermitteln das Bekanntgeben gespeicherter oder durch Datenverarbeitung gewonnener Sozialdaten an einen Dritten in der Weise, dass
   a) die Daten an den Dritten weitergegeben werden oder
   b) der Dritte zur Einsicht oder zum Abruf bereitgehaltene Daten einsieht oder abruft;
   Übermitteln im Sinne dieses Gesetzbuches ist auch das Bekanntgeben nicht gespeicherter Sozialdaten,
4. Sperren das vollständige oder teilweise Untersagen der weiteren Verarbeitung oder Nutzung von Sozialdaten durch entsprechende Kennzeichnung,
5. Löschen das Unkenntlichmachen gespeicherter Sozialdaten.

(7) Nutzen ist jede Verwendung von Sozialdaten, soweit es sich nicht um Verarbeitung handelt, auch die Weitergabe innerhalb der verantwortlichen Stelle.

(8) Anonymisieren ist das Verändern von Sozialdaten derart, dass die Einzelangaben über persönliche oder sachliche Verhältnisse nicht mehr oder nur mit einem unverhältnismäßig großen Aufwand an Zeit, Kosten und Arbeitskraft einer bestimmten oder bestimmbaren natürlichen Person zugeordnet werden können.

(8a) Pseudonymisieren ist das Ersetzen des Namens und anderer Identifikationsmerkmale durch ein Kennzeichen zu dem Zweck, die Bestimmung des Betroffenen auszuschließen oder wesentlich zu erschweren.

(9) Verantwortliche Stelle ist jede Person oder Stelle, die Sozialdaten für sich selbst erhebt, verarbeitet oder nutzt oder dies durch andere im Auftrag vornehmen lässt. Werden Sozialdaten von einem Leistungsträger im Sinne von § 12 des Ersten Buches erhoben, verarbeitet oder genutzt, ist verantwortliche Stelle der Leistungsträger. Ist der Leistungsträger eine Gebietskörperschaft, so sind eine verantwortliche Stelle die Organisationseinheiten, die eine Aufgabe nach einem der besonderen Teile dieses Gesetzbuches funktional durchführen.

(10) Empfänger ist jede Person oder Stelle, die Sozialdaten erhält. Dritter ist jede Person oder Stelle außerhalb der verantwortlichen Stelle. Dritte sind nicht der Betroffene sowie diejenigen Personen und Stellen, die im Inland, in einem anderen Mitgliedstaat

der Europäischen Union oder in einem anderen Vertragsstaat des Abkommens über den Europäischen Wirtschaftsraum Sozialdaten im Auftrag erheben, verarbeiten oder nutzen.

(11) Nicht-öffentliche Stellen sind natürliche und juristische Personen, Gesellschaften und andere Personenvereinigungen des privaten Rechts, soweit sie nicht unter § 81 Abs. 3 fallen.

(12) Besondere Arten personenbezogener Daten sind Angaben über die rassische und ethnische Herkunft, politische Meinungen, religiöse oder philosophische Überzeugungen, Gewerkschaftszugehörigkeit, Gesundheit oder Sexualleben.

Zweiter Abschnitt: Datenerhebung, -verarbeitung und -nutzung

§ 67a Datenerhebung

(1) Das Erheben von Sozialdaten durch in § 35 des Ersten Buches genannten Stellen ist zulässig, wenn ihre Kenntnis zur Erfüllung einer Aufgabe der erhebenden Stelle nach diesem Gesetzbuch erforderlich ist. Dies gilt auch für besondere Arten personenbezogener Daten (§ 67 Abs. 12). Angaben über die rassische Herkunft dürfen ohne Einwilligung des Betroffenen, die sich ausdrücklich auf diese Daten beziehen muss, nicht erhoben werden. Ist die Einwilligung des Betroffenen durch Gesetz vorgesehen, hat sie sich ausdrücklich auf besondere Arten personenbezogener Daten (§ 67 Abs. 12) zu beziehen.

(2) Sozialdaten sind beim Betroffenen zu erheben. Ohne seine Mitwirkung dürfen sie nur erhoben werden
1. bei den in § 35 des Ersten Buches oder in § 69 Abs. 2 genannten Stellen, wenn
   a) diese zur Übermittlung der Daten an die erhebende Stelle befugt sind,
   b) die Erhebung beim Betroffenen einen unverhältnismäßigen Aufwand erfordern würde und
   c) keine Anhaltspunkte dafür bestehen, dass überwiegende schutzwürdige Interessen des Betroffenen beeinträchtigt werden,
2. bei anderen Personen oder Stellen, wenn
   a) eine Rechtsvorschrift die Erhebung bei ihnen zulässt oder die Übermittlung an die erhebende Stelle ausdrücklich vorschreibt oder

b)

    aa) die Aufgaben nach diesem Gesetzbuch ihrer Art nach eine Erhebung bei anderen Personen oder Stellen erforderlich machen oder

    bb) die Erhebung beim Betroffenen einen unverhältnismäßigen Aufwand erfordern würde

3. und keine Anhaltspunkte dafür bestehen, dass überwiegende schutzwürdige Interessen des Betroffenen beeinträchtigt werden.

(3) Werden Sozialdaten beim Betroffenen erhoben, ist er, sofern er nicht bereits auf andere Weise Kenntnis erlangt hat, über die Zweckbestimmungen der Erhebung, Verarbeitung oder Nutzung und die Identität der verantwortlichen Stelle zu unterrichten. Über Kategorien von Empfängern ist der Betroffene nur zu unterrichten, soweit

1. er nach den Umständen des Einzelfalles nicht mit der Nutzung oder der Übermittlung an diese rechnen muss,

2. es sich nicht um eine Verarbeitung oder Nutzung innerhalb einer in § 35 des Ersten Buches genannten Stelle oder einer Organisationseinheit im Sinne von § 67 Abs. 9 Satz 3 handelt oder

3. es sich nicht um eine Kategorie von in § 35 des Ersten Buches genannten Stellen oder von Organisationseinheiten im Sinne von § 67 Abs. 9 Satz 3 handelt, die auf Grund eines Gesetzes zur engen Zusammenarbeit verpflichtet sind.

Werden Sozialdaten beim Betroffenen auf Grund einer Rechtsvorschrift erhoben, die zur Auskunft verpflichtet, oder ist die Erteilung der Auskunft Voraussetzung für die Gewährung von Rechtsvorteilen, ist der Betroffene hierauf sowie auf die Rechtsvorschrift, die zur Auskunft verpflichtet, und die Folgen der Verweigerung von Angaben, sonst auf die Freiwilligkeit seiner Angaben hinzuweisen.

(4) Werden Sozialdaten statt beim Betroffenen bei einer nicht-öffentlichen Stelle erhoben, so ist die Stelle auf die Rechtsvorschrift, die zur Auskunft verpflichtet, sonst auf die Freiwilligkeit ihrer Angaben hinzuweisen.

(5) Werden Sozialdaten weder beim Betroffenen noch bei einer in § 35 des Ersten Buches genannten Stelle erhoben und hat der Betroffene davon keine Kenntnis, ist er von der Speicherung, der Identität der verantwortlichen Stelle sowie über die Zweckbestimmungen der Erhebung, Verarbeitung oder Nutzung zu unterrichten. Eine Pflicht zur Unterrichtung besteht nicht, wenn

1. der Betroffene bereits auf andere Weise Kenntnis von der Speicherung oder der Übermittlung erlangt hat,

2. die Unterrichtung des Betroffenen einen unverhältnismäßigen Aufwand erfordert oder

3. die Speicherung oder Übermittlung der Sozialdaten auf Grund eines Gesetzes ausdrücklich vorgesehen ist.

Über Kategorien von Empfängern ist der Betroffene nur zu unterrichten, soweit

1. er nach den Umständen des Einzelfalles nicht mit der Nutzung oder der Übermittlung an diese rechnen muss,
2. es sich nicht um eine Verarbeitung oder Nutzung innerhalb einer in § 35 des Ersten Buches genannten Stelle oder einer Organisationseinheit im Sinne von § 67 Abs. 9 Satz 3 handelt oder
3. es sich nicht um eine Kategorie von in § 35 des Ersten Buches genannten Stellen oder von Organisationseinheiten im Sinne von § 67 Abs. 9 Satz 3 handelt, die auf Grund eines Gesetzes zur engen Zusammenarbeit verpflichtet sind.

Sofern eine Übermittlung vorgesehen ist, hat die Unterrichtung spätestens bei der ersten Übermittlung zu erfolgen. Die verantwortliche Stelle legt schriftlich fest, unter welchen Voraussetzungen von einer Unterrichtung nach Satz 2 Nr. 2 und 3 abgesehen wird. § 83 Abs. 2 bis 4 gilt entsprechend.

§ 67b Zulässigkeit der Datenverarbeitung und -nutzung

(1) Die Verarbeitung von Sozialdaten und deren Nutzung sind nur zulässig, soweit die nachfolgenden Vorschriften oder eine andere Rechtsvorschrift in diesem Gesetzbuch es erlauben oder anordnen oder soweit der Betroffene eingewilligt hat. § 67a Abs. 1 Satz 2 bis 4 gilt entsprechend mit der Maßgabe, dass die Übermittlung ohne Einwilligung des Betroffenen nur insoweit zulässig ist, als es sich um Daten über die Gesundheit oder das Sexualleben handelt oder die Übermittlung zwischen Trägern der gesetzlichen Rentenversicherung oder zwischen Trägern der gesetzlichen Rentenversicherung und deren Arbeitsgemeinschaften zur Erfüllung einer gesetzlichen Aufgabe erforderlich ist.

(2) Wird die Einwilligung bei dem Betroffenen eingeholt, ist er auf den Zweck der vorgesehenen Verarbeitung oder Nutzung sowie auf die Folgen der Verweigerung der Einwilligung hinzuweisen. Die Einwilligung des Betroffenen ist nur wirksam, wenn sie auf dessen freier Entscheidung beruht. Die Einwilligung und der Hinweis bedürfen der Schriftform, soweit nicht wegen besonderer Umstände eine andere Form angemessen ist. Soll die Einwilligung zusammen mit anderen Erklärungen schriftlich erteilt werden, ist die Einwilligungserklärung im äußeren Erscheinungsbild der Erklärung hervorzuheben.

(3) Im Bereich der wissenschaftlichen Forschung liegt ein besonderer Umstand im Sinne des Absatzes 2 Satz 3 auch dann vor, wenn

durch die Schriftform der bestimmte Forschungszweck erheblich beeinträchtigt würde. In diesem Fall sind der Hinweis nach Absatz 2 Satz 1 und die Gründe, aus denen sich die erhebliche Beeinträchtigung des bestimmten Forschungszweckes ergibt, schriftlich festzuhalten.

(4) Entscheidungen, die für den Betroffenen eine rechtliche Folge nach sich ziehen oder ihn erheblich beeinträchtigen, dürfen nicht ausschließlich auf eine automatisierte Verarbeitung von Sozialdaten gestützt werden, die der Bewertung einzelner Persönlichkeitsmerkmale dient.

§ 67c Datenspeicherung, -veränderung und -nutzung

(1) Das Speichern, Verändern oder Nutzen von Sozialdaten durch die in § 35 des Ersten Buches genannten Stellen ist zulässig, wenn es zur Erfüllung der in der Zuständigkeit der verantwortlichen Stelle liegenden gesetzlichen Aufgaben nach diesem Gesetzbuch erforderlich ist und es für die Zwecke erfolgt, für die die Daten erhoben worden sind. Ist keine Erhebung vorausgegangen, dürfen die Daten nur für die Zwecke geändert oder genutzt werden, für die sie gespeichert worden sind.

(2) Die nach Absatz 1 gespeicherten Daten dürfen von derselben Stelle für andere Zwecke nur gespeichert, verändert oder genutzt werden, wenn
1. die Daten für die Erfüllung von Aufgaben nach anderen Rechtsvorschriften dieses Gesetzbuches als diejenigen, für die sie erhoben wurden, erforderlich sind,
2. der Betroffenen im Einzelfall eingewilligt hat oder
3. es zur Durchführung eines bestimmten Vorhabens der wissenschaftlichen Forschung oder Planung im Sozialleistungsbereich erforderlich ist und die Voraussetzungen des § 75 Abs. 1 vorliegen.

(3) Eine Speicherung, Veränderung oder Nutzung für andere Zwecke liegt nicht vor, wenn sie für die Wahrnehmung von Aufsichts-, Kontroll- und Disziplinarbefugnissen, der Rechnungsprüfung oder der Durchführung von Organisationsuntersuchungen für die verantwortliche Stelle erforderlich ist. Das gilt auch für die Veränderung oder Nutzung zu Ausbildungs- und Prüfungszwecken durch die verantwortliche Stelle, soweit nicht überwiegende schutzwürdige Interessen des Betroffenen entgegenstehen.

(4) Sozialdaten, die ausschließlich zu Zwecken der Datenschutzkontrolle, der Datensicherung oder zur Sicherstellung eines ord-

nungsgemäßen Betriebes einer Datenverarbeitungsanlage gespeichert werden, dürfen nur für diese Zwecke verwendet werden.

(5) Für Zwecke der wissenschaftlichen Forschung oder Planung im Sozialleistungsbereich erhobene oder gespeicherte Sozialdaten dürfen von den in § 35 des Ersten Buches genannten Stellen nur für ein bestimmtes Vorhaben der wissenschaftlichen Forschung im Sozialleistungsbereich oder der Planung im Sozialleistungsbereich verändert oder genutzt werden. Die Sozialdaten sind zu anonymisieren, sobald dies nach dem Forschungs- oder Planungszweck möglich ist. Bis dahin sind die Merkmale gesondert zu speichern, mit denen Einzelangaben über persönliche oder sachliche Verhältnisse einer bestimmten oder bestimmbaren Person zugeordnet werden können. Sie dürfen mit den Einzelangaben nur zusammengeführt werden, soweit der Forschungs- oder Planungszweck dies erfordert.

§ 67d Übermittlungsgrundsätze

(1) Eine Übermittlung von Sozialdaten ist nur zulässig, soweit eine gesetzliche Übermittlungsbefugnis nach den §§ 68 bis 77 oder nach einer anderen Rechtsvorschrift in diesem Gesetzbuch vorliegt.

(2) Die Verantwortung für die Zulässigkeit der Übermittlung trägt die übermittelnde Stelle. Erfolgt die Übermittlung auf Ersuchen des Dritten, an den die Daten übermittelt werden, trägt dieser die Verantwortung für die Richtigkeit der Angaben in seinem Ersuchen.

(3) Sind mit Sozialdaten, die nach Absatz 1 übermittelt werden dürfen, weitere personenbezogene Daten des Betroffenen oder eines Dritten so verbunden, dass eine Trennung nicht oder nur mit unvertretbarem Aufwand möglich ist, so ist die Übermittlung auch dieser Daten nur zulässig, wenn schutzwürdige Interessen des Betroffenen oder eines Dritten an deren Geheimhaltung nicht überwiegen; eine Veränderung oder Nutzung dieser Daten ist unzulässig.

(4) Die Übermittlung von Sozialdaten auf maschinell verwertbaren Datenträgern oder im Wege der Datenübertragung ist auch über Vermittlungsstellen zulässig. Für die Auftragserteilung an die Vermittlungsstelle gilt § 80 Abs. 2 Satz 1, für deren Anzeigepflicht § 80 Abs. 3 und für die Verarbeitung und Nutzung durch die Vermittlungsstelle § 80 Abs. 4 entsprechend.

§ 67e Erhebung und Übermittlung zur Bekämpfung von Leistungsmissbrauch und illegaler Ausländerbeschäftigung

Bei der Prüfung nach § 2 des Schwarzarbeitsbekämpfungsgesetzes oder nach § 28p des Vierten Buches darf bei der überprüften Person zusätzlich erfragt werden,

1. ob und welche Art von Sozialleistungen nach diesem Gesetzbuch oder Leistungen nach dem Asylbewerberleistungsgesetz sie bezieht und von welcher Stelle sie diese Leistungen bezieht,
2. bei welcher Krankenkasse sie versichert oder ob sie als Selbständige tätig ist,
3. ob und welche Art von Beiträgen nach diesem Gesetzbuch sie abführt und
4. ob und welche ausländischen Arbeitnehmer sie mit einer für ihre Tätigkeit erforderlichen Genehmigung und nicht zu ungünstigeren Arbeitsbedingungen als vergleichbare deutsche Arbeitnehmer beschäftigt.

Zu Prüfzwecken dürfen die Antworten auf Fragen nach Satz 1 Nr. 1 an den jeweils zuständigen Leistungsträger und nach Satz 1 Nr. 2 bis 4 an die jeweils zuständige Einzugsstelle und die Bundesagentur für Arbeit übermittelt werden. Der Empfänger hat die Prüfung unverzüglich durchzuführen.

§ 68 Übermittlung für Aufgaben der Polizeibehörden, der Staatsanwaltschaften und Gerichte, der Behörden der Gefahrenabwehr oder zur Durchsetzung öffentlich-rechtlicher Ansprüche

(1) Zur Erfüllung von Aufgaben der Polizeibehörden, der Staatsanwaltschaften und Gerichte, der Behörden der Gefahrenabwehr, der Justizvollzugsanstalten oder zur Durchsetzung von öffentlich-rechtlichen Ansprüchen in Höhe von mindestens 600 Euro ist es zulässig, im Einzelfall auf Ersuchen Name, Vorname, Geburtsdatum, Geburtsort, derzeitige Anschrift des Betroffenen, seinen derzeitigen oder zukünftigen Aufenthalt sowie Namen und Anschriften seiner derzeitigen Arbeitgeber zu übermitteln, soweit kein Grund zur Annahme besteht, daß dadurch schutzwürdige Interessen des Betroffenen beeinträchtigt werden, und wenn das Ersuchen nicht länger als sechs Monate zurückliegt. Die ersuchte Stelle ist über § 4 Abs. 3 hinaus zur Übermittlung auch dann nicht verpflichtet, wenn sich die ersuchende Stelle die Angaben auf andere Weise beschaffen kann. Satz 2 findet keine Anwendung, wenn das Amtshilfeersuchen zur Durchführung einer Vollstreckung nach § 66 erforderlich ist.

(1a) Zu dem in § 7 Abs. 2 des Internationalen Familienrechtsverfahrensgesetzes bezeichneten Zweck ist es zulässig, der in dieser Vorschrift bezeichneten Zentralen Behörde auf Ersuchen im Einzelfall den derzeitigen Aufenthalt des Betroffenen zu übermitteln, soweit kein Grund zur Annahme besteht, dass dadurch schutzwürdige Interessen des Betroffenen beeinträchtigt werden.

(2) Über das Übermittlungsersuchen entscheidet der Leiter der ersuchten Stelle, sein allgemeiner Stellvertreter oder ein besonders bevollmächtigter Bediensteter.

(3) Eine Übermittlung der in Absatz 1 Satz 1 genannten Sozialdaten, von Angaben zur Staats- und Religionsangehörigkeit, früherer Anschriften der Betroffenen, von Namen und Anschriften früherer Arbeitgeber der Betroffenen sowie von Angaben über an Betroffene erbrachte oder demnächst zu erbringende Geldleistungen ist zulässig, soweit sie zur Durchführung einer nach Bundes- oder Landesrecht zulässigen Rasterfahndung erforderlich ist. § 67d Abs. 2 Satz 1 findet keine Anwendung; § 15 Abs. 2 Satz 2 und 3 des Bundesdatenschutzgesetzes gilt entsprechend.

§ 69 Übermittlung für die Erfüllung sozialer Aufgaben

(1) Eine Übermittlung von Sozialdaten ist zulässig, soweit sie erforderlich ist
1. für die Erfüllung der Zwecke, für die sie erhoben worden sind oder für die Erfüllung einer gesetzlichen Aufgabe der übermittelnden Stelle nach diesem Gesetzbuch oder einer solchen Aufgabe des Dritten, an den die Daten übermittelt werden, wenn er eine in § 35 des Ersten Buches genannte Stelle ist,
2. für die Durchführung eines mit der Erfüllung einer Aufgabe nach Nummer 1 zusammenhängenden gerichtlichen Verfahrens einschließlich eines Strafverfahrens oder
3. für die Richtigstellung unwahrer Tatsachenbehauptungen des Betroffenen im Zusammenhang mit einem Verfahren über die Erbringung von Sozialleistungen; die Übermittlung bedarf der vorherigen Genehmigung durch die zuständige oberste Bundes- oder Landesbehörde.

(2) Für die Erfüllung einer gesetzlichen oder sich aus einem Tarifvertrag ergebenden Aufgabe sind den in § 35 des Ersten Buches genannten Stellen gleichgestellt
1. die Stellen, die Leistungen nach dem Lastenausgleichsgesetz, dem Bundesentschädigungsgesetz, dem Strafrechtlichen Rehabilitierungsgesetz, dem Beruflichen Rehabilitierungsgesetz, dem Gesetz

über die Entschädigung für Strafverfolgungsmaßnahmen, dem Unterhaltssicherungsgesetz, dem Beamtenversorgungsgesetz und den Vorschriften, die auf das Beamtenversorgungsgesetz verweisen, dem Soldatenversorgungsgesetz, dem Anspruchs- und Anwartschaftsüberführungsgesetz und den Vorschriften der Länder über die Gewährung von Blinden- und Pflegegeldleistungen zu erbringen haben,

2. die gemeinsamen Einrichtungen der Tarifvertragsparteien im Sinne des § 4 Abs. 2 des Tarifvertragsgesetzes, die Zusatzversorgungseinrichtungen des öffentlichen Dienstes und die öffentlich-rechtlichen Zusatzversorgungseinrichtungen,

3. die Bezügestellen des öffentlichen Dienstes, soweit sie kindergeldabhängige Leistungen des Besoldungs-, Versorgungs- und Tarifrechts unter Verwendung von personenbezogenen Kindergelddaten festzusetzen haben.

(3) Die Übermittlung von Sozialdaten durch die Bundesagentur für Arbeit an die Krankenkassen ist zulässig, soweit sie erforderlich ist, den Krankenkassen die Feststellung der Arbeitgeber zu ermöglichen, die am Ausgleich der Arbeitgeberaufwendungen nach dem Aufwendungsausgleichsgesetz teilnehmen.

(4) Die Krankenkassen sind befugt, einem Arbeitgeber mitzuteilen, ob die Fortdauer einer Arbeitsunfähigkeit oder eine erneute Arbeitsunfähigkeit eines Arbeitnehmers auf derselben Krankheit beruht; die Übermittlung von Diagnosedaten an den Arbeitgeber ist nicht zulässig.

(5) Die Übermittlung von Sozialdaten ist zulässig für die Erfüllung der gesetzlichen Aufgaben der Rechnungshöfe und der anderen Stellen, auf die § 67c Abs. 3 Satz 1 Anwendung findet.

§ 70 Übermittlung für die Durchführung des Arbeitsschutzes

Eine Übermittlung von Sozialdaten ist zulässig, soweit sie zur Erfüllung der gesetzlichen Aufgaben der für den Arbeitsschutz zuständigen staatlichen Behörden oder der Bergbehörden bei der Durchführung des Arbeitsschutzes erforderlich ist und schutzwürdige Interessen des Betroffenen nicht beeinträchtigt werden oder das öffentliche Interesse an der Durchführung des Arbeitsschutzes das Geheimhaltungsinteresse des Betroffenen erheblich überwiegt.

§ 71 Übermittlung für die Erfüllung besonderer gesetzlicher Pflichten und Mitteilungsbefugnisse

(1) Eine Übermittlung von Sozialdaten ist zulässig, soweit sie erforderlich ist für die Erfüllung der gesetzlichen Mitteilungspflichten

1. zur Abwendung geplanter Straftaten nach § 138 des Strafgesetzbuches,
2. zum Schutz der öffentlichen Gesundheit nach § 8 des Infektionsschutzgesetzes vom 20. Juli 2000 (BGBl. I S. 1045),
3. zur Sicherung des Steueraufkommens nach § 22a Abs. 4 des Einkommensteuergesetzes und den §§ 93, 97, 105, 111 Abs. 1 und 5, § 116 der Abgabenordnung und § 32b Abs. 3 des Einkommensteuergesetzes, soweit diese Vorschriften unmittelbar anwendbar sind, und zur Mitteilung von Daten der ausländischen Unternehmen, die auf Grund bilateraler Regierungsvereinbarungen über die Beschäftigung von Arbeitnehmern zur Ausführung von Werkverträgen tätig werden, nach § 93a der Abgabenordnung,
4. zur Gewährung und Prüfung des Sonderausgabenabzugs nach § 10 des Einkommensteuergesetzes,
5. zur Überprüfung der Voraussetzungen für die Einziehung der Ausgleichszahlungen und für die Leistung von Wohngeld nach § 33 des Wohngeldgesetzes,
6. zur Bekämpfung von Schwarzarbeit und illegaler Beschäftigung nach dem Schwarzarbeitsbekämpfungsgesetz,
7. zur Mitteilung in das Gewerbezentralregister einzutragender Tatsachen an die Registerbehörde,
8. zur Erfüllung der Aufgaben der statistischen Ämter der Länder und des Statistischen Bundesamtes gemäß § 3 Abs. 1 des Statistikregistergesetzes zum Aufbau und zur Führung des Statistikregisters,
9. zur Aktualisierung des Betriebsregisters nach § 97 Abs. 5 des Agrarstatistikgesetzes,
10. zur Erfüllung der Aufgaben der Deutschen Rentenversicherung Bund als zentraler Stelle nach § 22a und § 91 Abs. 1 Satz 1 des Einkommensteuergesetzes oder
11. zur Erfüllung der Aufgaben der Deutschen Rentenversicherung Knappschaft-Bahn-See/Verwaltungsstelle Cottbus, soweit sie bei geringfügig Beschäftigten Aufgaben nach dem Einkommensteuergesetz durchführt.

Erklärungspflichten als Drittschuldner, welche das Vollstreckungsrecht vorsieht, werden durch Bestimmungen dieses Gesetzbuches nicht berührt. Eine Übermittlung von Sozialdaten ist zulässig, soweit sie erforderlich ist für die Erfüllung der gesetzlichen Pflichten zur Sicherung und Nutzung von Archivgut nach den §§ 2 und 5 des Bundesarchivgesetzes oder entsprechenden gesetzlichen Vorschriften der Länder, die die Schutzfristen dieses Gesetzes nicht unterschreiten. Eine Übermittlung von Sozialdaten ist auch zulässig, soweit sie erforderlich ist, Meldebehörden nach § 4a Abs. 3 des Melderechtsrahmengesetzes über konkrete Anhaltspunkte für die Unrichtigkeit oder Unvollständigkeit von diesen auf Grund Melderechts übermittelter Daten zu unterrichten.

(2) Eine Übermittlung von Sozialdaten eines Ausländers ist auch zulässig, soweit sie erforderlich ist

1. im Einzelfall auf Ersuchen der mit der Ausführung des Aufenthaltsgesetzes betrauten Behörden nach § 87 Abs. 1 des Aufenthaltsgesetzes mit der Maßgabe, dass über die Angaben nach § 68 hinaus nur mitgeteilt werden können

   a) für die Entscheidung über den Aufenthalt des Ausländers oder eines Familienangehörigen des Ausländers Daten über die Gewährung oder Nichtgewährung von Leistungen, Daten über frühere und bestehende Versicherungen und das Nichtbestehen einer Versicherung,

   b) für die Entscheidung über den Aufenthalt oder über die ausländerrechtliche Zulassung oder Beschränkung einer Erwerbstätigkeit des Ausländers Daten über die Zustimmung nach § 4 Abs. 2 Satz 3, § 17 Satz 1, § 18 Satz 1 und § 19 Abs. 1 des Aufenthaltsgesetzes,

   c) für eine Entscheidung über den Aufenthalt des Ausländers Angaben darüber, ob die in § 55 Abs. 2 Nr. 4 des Aufenthaltsgesetzes bezeichneten Voraussetzungen vorliegen, und

   d) durch die Jugendämter für die Entscheidung über den weiteren Aufenthalt oder die Beendigung des Aufenthalts eines Ausländers, bei dem ein Ausweisungsgrund nach den §§ 53 bis 56 des Aufenthaltsgesetzes vorliegt, Angaben über das zu erwartende soziale Verhalten,

2. für die Erfüllung der in § 87 Abs. 2 des Aufenthaltsgesetzes bezeichneten Mitteilungspflichten oder

3. für die Erfüllung der in § 99 Abs. 1 Nr. 14 Buchstabe d und f des Aufenthaltsgesetzes bezeichneten Mitteilungspflichten, wenn die Mitteilung die Erteilung, den Widerruf oder Beschränkungen der Zustimmung nach § 4 Abs. 2 Satz 3, § 17 Satz 1, § 18 Satz 1 und § 19 Abs. 1 des Aufenthaltsgesetzes oder eines Versicherungsschutzes oder die Gewährung von Leistungen zur Sicherung des Lebensunterhalts nach dem Zweiten Buch betrifft.

Daten über die Gesundheit eines Ausländers dürfen nur übermittelt werden,

1. wenn der Ausländer die öffentliche Gesundheit gefährdet und besondere Schutzmaßnahmen zum Ausschluss der Gefährdung

nicht möglich sind oder von dem Ausländer nicht eingehalten werden oder

2. soweit sie für die Feststellung erforderlich sind, ob die Voraussetzungen des § 55 Abs. 2 Nr. 4 des Aufenthaltsgesetzes vorliegen.

(2a) Eine Übermittlung personenbezogener Daten eines Leistungsberechtigten nach § 1 des Asylbewerberleistungsgesetzes ist zulässig, soweit sie für die Durchführung des Asylbewerberleistungsgesetzes erforderlich ist.

(3) Eine Übermittlung von Sozialdaten ist auch zulässig, soweit es nach pflichtgemäßen Ermessen eines Leistungsträgers erforderlich ist, dem Betreuungsgericht die Bestellung eines Betreuers oder eine andere Maßnahme in Betreuungssachen zu ermöglichen. § 7 des Betreuungsbehördengesetzes gilt entsprechend.

§ 72 Übermittlung für den Schutz der inneren und äußeren Sicherheit

(1) Eine Übermittlung von Sozialdaten ist zulässig, soweit sie im Einzelfall für die rechtmäßige Erfüllung der in der Zuständigkeit der Behörden für Verfassungsschutz, des Bundesnachrichtendienstes, des Militärischen Abschirmdienstes und des Bundeskriminalamtes liegenden Aufgaben erforderlich ist. Die Übermittlung ist auf Angaben über Name und Vorname sowie früher geführte Namen, Geburtsdatum, Geburtsort, derzeitige und frühere Anschriften des Betroffenen sowie Namen und Anschriften seiner derzeitigen und früheren Arbeitgeber beschränkt.

(2) Über die Erforderlichkeit des Übermittlungsersuchens entscheidet ein vom Leiter der ersuchenden Stelle bestimmter Beauftragter, der die Befähigung zum Richteramt haben oder die Voraussetzungen des § 110 des Deutschen Richtergesetzes erfüllen soll. Wenn eine oberste Bundes- oder Landesbehörde für die Aufsicht über die ersuchende Stelle zuständig ist, ist sie über die gestellten Übermittlungsersuchen zu unterrichten. Bei der ersuchten Stelle entscheidet über das Übermittlungsersuchen der Behördenleiter oder sein allgemeiner Stellvertreter.

§ 73 Übermittlung für die Durchführung eines Strafverfahrens

(1) Eine Übermittlung von Sozialdaten ist zulässig, soweit sie zur Durchführung eines Strafverfahrens wegen eines Verbrechens oder wegen einer sonstigen Straftat von erheblicher Bedeutung erforderlich ist.

(2) Eine Übermittlung von Sozialdaten zur Durchführung eines Strafverfahrens wegen einer anderen Straftat ist zulässig, soweit die Übermittlung auf die in § 72 Abs. 1 Satz 2 genannten Angaben und die Angaben über erbrachte oder demnächst zu erbringende Geldleistungen beschränkt ist.

(3) Die Übermittlung nach den Absätzen 1 und 2 ordnet der Richter an.

§ 74 Übermittlung bei Verletzung der Unterhaltspflicht und beim Versorgungsausgleich

Eine Übermittlung von Sozialdaten ist zulässig, soweit sie erforderlich ist
1. für die Durchführung
    a) eines gerichtlichen Verfahrens oder eines Vollstreckungsverfahrens wegen eines gesetzlichen oder vertraglichen Unterhaltsanspruchs oder eines an seine Stelle getretenen Ersatzanspruchs oder
    b) eines Verfahrens über den Versorgungsausgleich nach § 220 des Gesetzes über das Verfahren in Familiensachen und in den Angelegenheiten der freiwilligen Gerichtsbarkeit oder nach § 11 Abs. 2 des Gesetzes zur Regelung von Härten im Versorgungsausgleich oder
2. für die Geltendmachung
    a) eines gesetzlichen oder vertraglichen Unterhaltsanspruchs außerhalb eines Verfahrens nach Nummer 1 Buchstabe a, soweit der Betroffene nach den Vorschriften des bürgerlichen Rechts, insbesondere nach § 1605 oder nach § 1361 Abs. 4 Satz 4, § 1580 Satz 2, § 1615a oder § 1615l Abs. 3 Satz 1 in Verbindung mit § 1605 des Bürgerlichen Gesetzbuches, zur Auskunft verpflichtet ist, oder
    b) eines Ausgleichsanspruchs im Rahmen des Versorgungsausgleichs außerhalb eines Verfahrens nach Nummer 1 Buchstabe b, soweit der Betroffene nach § 4 Abs. 1 Satz 1 des Versorgungsausgleichsgesetzes zur Auskunft verpflichtet ist oder

3. für die Anwendung der Öffnungsklausel des § 22 Nr. 1 Satz 3 Buchstabe a Doppelbuchstabe bb Satz 2 des Einkommensteuergesetzes auf eine im Versorgungsausgleich auf die ausgleichsberechtigte Person übertragene Rentenanwartschaft, soweit die ausgleichspflichtige Person nach § 22 Nr. 1 Satz 3 Buchstabe a Doppelbuchstabe bb Satz 2 des Einkommensteuergesetzes in Verbindung mit § 4 Abs. 1 des Versorgungsausgleichsgesetzes zur Auskunft verpflichtet ist,

und diese Pflicht, nachdem er unter Hinweis auf die in diesem Gesetzbuch enthaltene Übermittlungsbefugnis der in § 35 des Ersten Buches genannten Stellen gemahnt wurde, innerhalb angemessener Frist, nicht oder nicht vollständig erfüllt hat. Diese Stellen dürfen die Anschrift des Auskunftspflichtigen zum Zwecke der Mahnung übermitteln.

§ 75 Übermittlung von Sozialdaten für die Forschung und Planung

(1) Eine Übermittlung von Sozialdaten ist zulässig, soweit sie erforderlich ist für ein bestimmtes Vorhaben
1. der wissenschaftlichen Forschung im Sozialleistungsbereich oder
2. der Planung im Sozialleistungsbereich durch eine öffentliche Stelle im Rahmen ihrer Aufgaben

und schutzwürdige Interessen des Betroffenen nicht beeinträchtigt werden oder das öffentliche Interesse an der Forschung oder Planung das Geheimhaltungsinteresse des Betroffenen erheblich überwiegt. Eine Übermittlung ohne Einwilligung des Betroffenen ist nicht zulässig, soweit es zumutbar ist, die Einwilligung des Betroffenen nach § 67b einzuholen oder den Zweck der Forschung oder Planung auf andere Weise zu erreichen.

(2) Die Übermittlung bedarf der vorherigen Genehmigung durch die oberste Bundes- oder Landesbehörde, die für den Bereich, aus dem die Daten herrühren, zuständig ist. Die Genehmigung darf im Hinblick auf die Wahrung des Sozialgeheimnisses nur versagt werden, wenn die Voraussetzungen des Absatzes 1 nicht vorliegen. Sie muss
1. den Dritten, an den die Daten übermittelt werden,
2. die Art der zu übermittelnden Sozialdaten und den Kreis der Betroffenen,
3. die wissenschaftliche Forschung oder die Planung, zu der die übermittelten Sozialdaten verwendet werden dürfen, und
4. den Tag, bis zu dem die übermittelten Sozialdaten aufbewahrt werden dürfen,

genau bezeichnen und steht auch ohne besonderen Hinweis unter dem Vorbehalt der nachträglichen Aufnahme, Änderung oder Ergänzung einer Auflage.

(3) Wird die Übermittlung von Daten an nicht-öffentliche Stellen genehmigt, hat die genehmigende Stelle durch Auflagen sicherzustellen, dass die der Genehmigung durch Absatz 1 gesetzten Grenzen beachtet und die Daten nur für den Übermittlungszweck gespeichert, verändert oder genutzt werden.

(4) Ist der Dritte, an den Daten übermittelt werden, eine nicht öffentliche Stelle, gilt § 38 des Bundesdatenschutzgesetzes mit der Maßgabe, dass die Kontrolle auch erfolgen kann, wenn die Daten nicht automatisiert oder nicht in nicht automatisierten Dateien verarbeitet oder genutzt werden.

§ 76 Einschränkung der Übermittlungsbefugnis bei besonders schutzwürdigen Sozialdaten

(1) Die Übermittlung von Sozialdaten, die einer in § 35 des Ersten Buches genannten Stelle von einem Arzt oder einer anderen in § 203 Abs. 1 und 3 des Strafgesetzbuches genannten Person zugänglich gemacht worden sind, ist nur unter den Voraussetzungen zulässig, unter denen diese Person selbst übermittlungsbefugt wäre.

(2) Absatz 1 gilt nicht
1. im Rahmen des § 69 Abs. 1 Nr. 1 und 2 für Sozialdaten, die im Zusammenhang mit einer Begutachtung wegen der Erbringung von Sozialleistungen oder wegen der Ausstellung einer Bescheinigung übermittelt worden sind, es sei denn, dass der Betroffene der Übermittlung widerspricht; der Betroffene ist von der verantwortlichen Stelle zu Beginn des Verwaltungsverfahrens in allgemeiner Form schriftlich auf das Widerspruchsrecht hinzuweisen,
2. im Rahmen des § 69 Abs. 4 und 5 und des § 71 Abs. 1 Satz 3,
3. im Rahmen des § 94 Abs. 2 Satz 2 des Elften Buches Sozialgesetzbuch.

(3) Ein Widerspruchsrecht besteht nicht in den Fällen des § 279 Abs. 5 in Verbindung mit § 275 Abs. 1 bis 3 des Fünften Buches.

§ 77 Übermittlung ins Ausland und an über- oder zwischenstaatliche Stellen

(1) Die Übermittlung von Sozialdaten an Personen oder Stellen in anderen Mitgliedstaaten der Europäischen Union oder in anderen Vertragsstaaten des Abkommens über den Europäischen Wirtschaftsraum oder an Stellen der Organe und Einrichtungen der Europäischen Gemeinschaften ist zulässig, soweit

1. dies für die Erfüllung einer gesetzlichen Aufgabe der in § 35 des Ersten Buches genannten übermittelnden Stelle nach diesem Gesetzbuch oder zur Erfüllung einer solchen Aufgabe von ausländischen Stellen erforderlich ist, soweit diese Aufgaben wahrnehmen, die denen der in § 35 des Ersten Buches genannten Stellen entsprechen,

2. die Voraussetzungen des § 69 Abs. 1 Nr. 3 oder des § 70 oder einer Übermittlungsvorschrift nach dem Dritten Buch oder dem Arbeitnehmerüberlassungsgesetz vorliegen und die Aufgaben der ausländischen Stelle den in diesen Vorschriften genannten entsprechen oder

3. die Voraussetzungen des § 74 vorliegen und die gerichtlich geltend gemachten Ansprüche oder die Rechte des Empfängers den in dieser Vorschrift genannten entsprechen.

(2) Absatz 1 gilt entsprechend für die Übermittlung an Personen oder Stellen in einem Drittstaat sowie an über- oder zwischenstaatliche Stellen, wenn der Drittstaat oder die über- oder zwischenstaatliche Stelle ein angemessenes Datenschutzniveau gewährleistet. Die Angemessenheit des Datenschutzniveaus wird unter Berücksichtigung aller Umstände beurteilt, die bei einer Datenübermittlung oder einer Kategorie von Datenübermittlungen von Bedeutung sind; insbesondere können die Art der Sozialdaten, die Zweckbestimmung, die Dauer der geplanten Verarbeitung, das Herkunfts- und das Endbestimmungsland, die für den betreffenden Empfänger geltenden Rechtsnormen sowie die für ihn geltenden Standesregeln und Sicherheitsmaßnahmen herangezogen werden. Bis zur Feststellung der Kommission der Europäischen Gemeinschaften entscheidet das Bundesversicherungsamt, ob ein angemessenes Datenschutzniveau gewährleistet ist.

(3) Eine Übermittlung von Sozialdaten an Personen oder Stellen im Ausland oder an über- oder zwischenstaatliche Stellen ist auch zulässig, wenn

1. der Betroffene seine Einwilligung gegeben hat,

2. die Übermittlung in Anwendung zwischenstaatlicher Übereinkommen auf dem Gebiet der sozialen Sicherheit erfolgt oder

3. die Voraussetzungen des § 69 Abs. 1 Nr. 2 oder des § 73 vorliegen, die Aufgaben der ausländischen Stelle den in diesen Vorschriften genannten entsprechen und der ausländische Staat oder
die über- oder zwischenstaatliche Stelle ein angemessenes Datenschutzniveau (Absatz 2) gewährleistet; für die Anordnung einer
Übermittlung nach § 73 ist ein Gericht im Inland zuständig.
Die Übermittlung ist nur zulässig, soweit der Betroffene kein schutzwürdiges Interesse an dem Ausschluss der Übermittlung hat.

(4) Gewährleistet der Drittstaat oder die über- und zwischenstaatliche Stelle ein angemessenes Datenschutzniveau (Absatz 2)
nicht, ist die Übermittlung von Sozialdaten an die Stelle im Drittstaat oder die über- oder zwischenstaatliche Stelle auch zulässig, soweit die Voraussetzungen des § 69 Abs. 1 Nr. 1 und 2, des § 70 oder
einer Übermittlungsvorschrift nach dem Dritten Buch oder dem
Arbeitnehmerüberlassungsgesetz vorliegen und der Betroffene kein
schutzwürdiges Interesse an dem Ausschluss der Übermittlung hat.

(5) Die Stelle, an die die Sozialdaten übermittelt werden, ist auf
den Zweck hinzuweisen, zu dessen Erfüllung die Sozialdaten übermittelt werden.

(6) Das Bundesversicherungsamt unterrichtet das Bundes-
ministerium des Innern über Drittstaaten und über- oder zwischenstaatliche Stellen, die kein angemessenes Datenschutzniveau gewährleisten.

§ 78 Zweckbindung und Geheimhaltungspflicht eines Dritten, an den Daten übermittelt werden

(1) Personen oder Stellen, die nicht in § 35 des Ersten Buches
genannt und denen Sozialdaten übermittelt worden sind, dürfen diese nur zu dem Zweck verarbeiten oder nutzen, zu dem sie ihnen befugt übermittelt worden sind. Die Dritten haben die Daten in demselben Umfang geheim zu halten wie die in § 35 des Ersten Buches
genannten Stellen. Sind Sozialdaten an Gerichte oder Staatsanwaltschaften übermittelt worden, dürfen diese gerichtliche Entscheidungen, die Sozialdaten enthalten, weiter übermitteln, wenn
eine in § 35 des Ersten Buches genannte Stelle zur Übermittlung an
den weiteren Dritten befugt wäre. Abweichend von Satz 3 ist eine
Übermittlung nach § 115 des Bundesbeamtengesetzes und nach
Vorschriften, die auf diese Vorschrift verweisen, zulässig. Sind
Sozialdaten an Polizeibehörden, Staatsanwaltschaften, Gerichte oder
Behörden der Gefahrenabwehr übermittelt worden, dürfen diese die
Daten unabhängig vom Zweck der Übermittlung sowohl für Zwecke

der Gefahrenabwehr als auch für Zwecke der Strafverfolgung und der Strafvollstreckung verarbeiten und nutzen.

(2) Werden Daten an eine nichtöffentliche Stelle übermittelt, so sind die dort beschäftigten Personen, welche diese Daten verarbeiten oder nutzen, von dieser Stelle vor, spätestens bei der Übermittlung auf die Einhaltung der Pflichten nach Absatz 1 hinzuweisen.

(3) Ergibt sich im Rahmen eines Vollstreckungsverfahrens nach § 66 die Notwendigkeit, dass eine Strafanzeige zum Schutz des Vollstreckungsbeamten erforderlich ist, so dürfen die zum Zwecke der Vollstreckung übermittelten Sozialdaten auch zum Zweck der Strafverfolgung verarbeitet oder genutzt werden, soweit dies erforderlich ist. Das Gleiche gilt auch für die Klärung von Fragen im Rahmen eines Disziplinarverfahrens.

(4) Sind Sozialdaten an Gerichte oder Staatsanwaltschaften für die Durchführung eines Straf- oder Bußgeldverfahrens übermittelt worden, so dürfen sie nach Maßgabe der §§ 476, 487 Abs. 4 der Strafprozessordnung und der §§ 49b und 49c Abs. 1 des Gesetzes über Ordnungswidrigkeiten für Zwecke der wissenschaftlichen Forschung verarbeitet oder genutzt werden.

Dritter Abschnitt: Organisatorische Vorkehrungen zum Schutz der Sozialdaten, besondere Datenverarbeitungsarten

§ 78a Technische und organisatorische Maßnahmen

Die in § 35 des Ersten Buches genannten Stellen, die selbst oder im Auftrag Sozialdaten erheben, verarbeiten oder nutzen, haben die technischen und organisatorischen Maßnahmen einschließlich der Dienstanweisungen zu treffen, die erforderlich sind, um die Ausführung der Vorschriften dieses Gesetzbuches, insbesondere die in der Anlage zu dieser Vorschrift genannten Anforderungen, zu gewährleisten. Maßnahmen sind nicht erforderlich, wenn ihr Aufwand in keinem angemessenen Verhältnis zu dem angestrebten Schutzzweck steht.

§ 78b Datenvermeidung und Datensparsamkeit

Gestaltung und Auswahl von Datenverarbeitungssystemen haben sich an dem Ziel auszurichten, keine oder so wenig Sozialdaten wie möglich zu erheben, zu verarbeiten oder zu nutzen. Insbesondere ist von den Möglichkeiten der Anonymisierung und Pseudonymisierung

Gebrauch zu machen, soweit dies möglich ist und der Aufwand in einem angemessenen Verhältnis zu dem angestrebten Schutzzweck steht.

§ 78c Datenschutzaudit

Zur Verbesserung des Datenschutzes und der Datensicherheit können Anbieter von Datenverarbeitungssystemen und -programmen und datenverarbeitende Stellen ihr Datenschutzkonzept sowie ihre technischen Einrichtungen durch unabhängige und zugelassene Gutachter prüfen und bewerten lassen sowie das Ergebnis der Prüfung veröffentlichen. Die näheren Anforderungen an die Prüfung und Bewertung, das Verfahren sowie die Auswahl und Zulassung der Gutachter werden durch besonderes Gesetz geregelt. Die Sätze 1 und 2 gelten nicht für öffentliche Stellen der Länder mit Ausnahme der Sozialversicherungsträger und ihrer Verbände.

§ 79 Einrichtung automatisierter Abrufverfahren

(1) Die Einrichtung eines automatisierten Verfahrens, das die Übermittlung von Sozialdaten durch Abruf ermöglicht, ist zwischen den in § 35 des Ersten Buches genannten Stellen sowie mit der Deutschen Rentenversicherung Bund als zentraler Stelle zur Erfüllung ihrer Aufgaben nach § 91 Abs. 1 Satz 1 des Einkommensteuergesetzes und der Deutschen Rentenversicherung Knappschaft-Bahn-See/Verwaltungsstelle Cottbus, soweit sie bei geringfügig Beschäftigten Aufgaben nach dem Einkommensteuergesetz durchführt, zulässig, soweit dieses Verfahren unter Berücksichtigung der schutzwürdigen Interessen der Betroffenen wegen der Vielzahl der Übermittlungen oder wegen ihrer besonderen Eilbedürftigkeit angemessen ist und wenn die jeweiligen Aufsichtsbehörden die Teilnahme der unter ihrer Aufsicht stehenden Stellen genehmigt haben. Das Gleiche gilt gegenüber den in § 69 Abs. 2 und 3 genannten Stellen.

(2) Die beteiligten Stellen haben zu gewährleisten, dass die Zulässigkeit des Abrufverfahrens kontrolliert werden kann. Hierzu haben sie schriftlich festzulegen:
1. Anlass und Zweck des Abrufverfahrens,
2. Dritte, an die übermittelt wird,
3. Art der zu übermittelnden Daten,
4. nach § 78a erforderliche technische und organisatorische Maßnahmen.

(3) Über die Einrichtung von Abrufverfahren ist in Fällen, in denen die in § 35 des Ersten Buches genannten Stellen beteiligt sind, die der Kontrolle des Bundesbeauftragten für den Datenschutz unterliegen, dieser, sonst die nach Landesrecht für die Kontrolle des Datenschutzes zuständige Stelle rechtzeitig vorher unter Mitteilung der Festlegungen nach Absatz 2 zu unterrichten.

(4) Die Verantwortung für die Zulässigkeit des einzelnen Abrufs trägt der Dritte, an den übermittelt wird. Die speichernde Stelle prüft die Zulässigkeit der Abrufe nur, wenn dazu Anlass besteht. Sie hat mindestens bei jedem zehnten Abruf den Zeitpunkt, die abgerufenen Daten sowie Angaben zur Feststellung des Verfahrens und der für den Abruf verantwortlichen Personen zu protokollieren; die protokollierten Daten sind spätestens nach sechs Monaten zu löschen. Wird ein Gesamtbestand von Sozialdaten abgerufen oder übermittelt (Stapelverarbeitung), so bezieht sich die Gewährleistung der Feststellung und Überprüfung nur auf die Zulässigkeit des Abrufes oder der Übermittlung des Gesamtbestandes.

(5) Die Absätze 1 bis 4 gelten nicht für den Abruf aus Datenbeständen, die mit Einwilligung der Betroffenen angelegt werden und die jedermann, sei es ohne oder nach besonderer Zulassung, zur Benutzung offen stehen.

Vierter Abschnitt: Rechte des Betroffenen, Datenschutzbeauftragte und Schlussvorschriften

§ 80 Erhebung, Verarbeitung oder Nutzung von Sozialdaten im Auftrag

(1) Werden Sozialdaten im Auftrag durch andere Stellen erhoben, verarbeitet oder genutzt, ist der Auftraggeber für die Einhaltung der Vorschriften dieses Gesetzbuches und anderer Vorschriften über den Datenschutz verantwortlich. Die in den §§ 82 bis 84 genannten Rechte sind ihm gegenüber geltend zu machen.

(2) Eine Auftragserteilung für die Erhebung, Verarbeitung oder Nutzung von Sozialdaten ist nur zulässig, wenn der Datenschutz beim Auftragnehmer nach der Art der zu erhebenden, zu verarbeitenden oder zu nutzenden Daten den Anforderungen genügt, die für den Auftraggeber gelten. Der Auftrag ist schriftlich zu erteilen, wobei die Datenerhebung, -verarbeitung oder -nutzung, die technischen und organisatorischen Maßnahmen und etwaige Unterauftragsverhältnisse festzulegen sind. Der Auftraggeber ist verpflichtet, erforderlichenfalls Weisungen zur Ergänzung der beim Auftragnehmer vor-

handenen technischen und organisatorischen Maßnahmen zu erteilen. Die Auftragserteilung an eine nicht-öffentliche Stelle setzt außerdem voraus, dass der Auftragnehmer dem Auftraggeber schriftlich das Recht eingeräumt hat,

1. Auskünfte bei ihm einzuholen,
2. während der Betriebs- oder Geschäftszeiten seine Grundstücke oder Geschäftsräume zu betreten und dort Besichtigungen und Prüfungen vorzunehmen und
3. geschäftliche Unterlagen sowie die gespeicherten Sozialdaten und Datenverarbeitungsprogramme einzusehen,

soweit es im Rahmen des Auftrags für die Überwachung des Datenschutzes erforderlich ist.

(3) Der Auftraggeber hat seiner Aufsichtsbehörde rechtzeitig vor der Auftragserteilung

1. den Auftragnehmer, die bei diesem vorhandenen technischen und organisatorischen Maßnahmen und ergänzenden Weisungen nach Absatz 2 Satz 2 und 3,
2. die Art der Daten, die im Auftrag erhoben, verarbeitet oder genutzt werden sollen, und den Kreis der Betroffenen,
3. die Aufgabe, zu deren Erfüllung die Erhebung, Verarbeitung oder Nutzung der Daten im Auftrag erfolgen soll, sowie
4. den Abschluss von etwaigen Unterauftragsverhältnissen

schriftlich anzuzeigen. Wenn der Auftragnehmer eine öffentliche Stelle ist, hat er auch schriftliche Anzeige an seine Aufsichtsbehörde zu richten.

(4) Der Auftragnehmer darf die zur Datenverarbeitung überlassenen Sozialdaten nicht für andere Zwecke verarbeiten oder nutzen und nicht länger speichern, als der Auftraggeber schriftlich bestimmt.

(5) Die Erhebung, Verarbeitung oder Nutzung von Sozialdaten im Auftrag durch nicht-öffentliche Stellen ist nur zulässig, wenn

1. beim Auftraggeber sonst Störungen im Betriebsablauf auftreten können oder
2. die übertragenen Arbeiten beim Auftragnehmer erheblich kostengünstiger besorgt werden können und der Auftrag nicht die Speicherung des gesamten Datenbestandes des Auftraggebers umfasst. Der überwiegende Teil der Speicherung des gesamten Datenbestandes muss beim Auftraggeber oder beim Auftragnehmer, der eine öffentliche Stelle ist, und die Daten zur weiteren Datenverarbeitung im Auftrag an nicht-öffentliche Auftragnehmer weitergibt, verbleiben.

(6) Ist der Auftragnehmer eine in § 35 des Ersten Buches genannte Stelle, gelten neben den §§ 85 und 85a nur § 4g Abs. 2, § 18 Abs.

2 und die §§ 24 bis 26 des Bundesdatenschutzgesetzes. Bei den in § 35 des Ersten Buches genannten Stellen, die nicht solche des Bundes sind, treten anstelle des Bundesbeauftragten für den Datenschutz insoweit die Landesbeauftragten für den Datenschutz. Ihre Aufgaben und Befugnisse richten sich nach dem jeweiligen Landesrecht. Ist der Auftragnehmer eine nicht-öffentliche Stelle, kontrolliert die Einhaltung der Absätze 1 bis 5 die nach Landesrecht zuständige Aufsichtsbehörde. Bei öffentlichen Stellen der Länder, die nicht Sozialversicherungsträger oder deren Verbände sind, gelten die landesrechtlichen Vorschriften über Verzeichnisse der eingesetzten Datenverarbeitungsanlagen und Dateien.

(7) Die Absätze 1, 2, 4 und 6 gelten entsprechend, wenn die Prüfung oder Wartung automatisierter Verfahren oder von Datenverarbeitungsanlagen durch andere Stellen im Auftrag vorgenommen wird und dabei ein Zugriff auf Sozialdaten nicht ausgeschlossen werden kann. Verträge über Wartungsarbeiten sind in diesem Falle rechtzeitig vor der Auftragserteilung der Aufsichtsbehörde mitzuteilen; sind Störungen im Betriebsablauf zu erwarten oder bereits eingetreten, ist der Vertrag unverzüglich mitzuteilen.

§ 81 Rechte des einzelnen, Datenschutzbeauftragte

(1) Ist jemand der Ansicht, bei der Erhebung, Verarbeitung oder Nutzung seiner personenbezogenen Sozialdaten in seinen Rechten verletzt worden zu sein, kann er sich
1. an den Bundesbeauftragten für den Datenschutz wenden, wenn er eine Verletzung seiner Rechte durch eine in § 35 des Ersten Buches genannten Stelle des Bundes bei der Wahrnehmung von Aufgaben nach diesem Gesetzbuch behauptet,
2. an die nach Landesrecht für die Kontrolle des Datenschutzes zuständigen Stellen wenden, wenn er die Verletzung seiner Rechte durch eine andere in § 35 des Ersten Buches genannten Stelle bei der Wahrnehmung von Aufgaben nach diesem Gesetzbuch behauptet.

(2) Bei der Wahrnehmung von Aufgaben nach diesem Gesetzbuch gelten für die in § 35 des Ersten Buches genannten Stellen die §§ 24 bis 26 des Bundesdatenschutzgesetzes. Bei öffentlichen Stellen der Länder, die unter § 35 des Ersten Buches fallen, treten an die Stelle des Bundesbeauftragten für den Datenschutz die Landesbeauftragten für den Datenschutz. Ihre Aufgaben und Befugnisse richten sich nach dem jeweiligen Landesrecht.

(3) Verbände und Arbeitsgemeinschaften der in § 35 des Ersten Buches genannten Stellen oder ihrer Verbände gelten, soweit sie Aufgaben nach diesem Gesetzbuch wahrnehmen und an ihnen Stellen des Bundes beteiligt sind, unbeschadet ihrer Rechtsform als öffentliche Stellen des Bundes, wenn sie über den Bereich eines Landes hinaus tätig werden, anderenfalls als öffentliche Stellen der Länder. Sonstige Einrichtungen der in § 35 des Ersten Buches genannten Stellen oder ihrer Verbände gelten als öffentliche Stellen des Bundes, wenn die absolute Mehrheit der Anteile oder der Stimmen einer oder mehrerer öffentlicher Stellen dem Bund zusteht, anderenfalls als öffentliche Stellen der Länder. Die Datenstelle der Träger der Rentenversicherung nach § 145 Abs. 1 des Sechsten Buches gilt als öffentliche Stelle des Bundes.

(4) Auf die in § 35 des Ersten Buches genannten Stellen und die Vermittlungsstellen nach § 67d Abs. 4 sind die §§ 4f, 4g mit Ausnahme des Absatzes 3 sowie § 18 Abs. 2 des Bundesdatenschutzgesetzes entsprechend anzuwenden. In räumlich getrennten Organisationseinheiten ist sicherzustellen, dass der Beauftragte für den Datenschutz bei der Erfüllung seiner Aufgaben unterstützt wird. Die Sätze 1 und 2 gelten nicht für öffentliche Stellen der Länder mit Ausnahme der Sozialversicherungsträger und ihrer Verbände. Absatz 2 Satz 2 und 3 gilt entsprechend.

§ 82 Schadensersatz

Fügt eine in § 35 des Ersten Buches genannte Stelle dem Betroffenen durch eine nach diesem Gesetzbuch oder nach anderen Vorschriften über den Datenschutz unzulässige oder unrichtige Erhebung, Verarbeitung oder Nutzung seiner personenbezogenen Sozialdaten einen Schaden zu, ist § 7 des Bundesdatenschutzgesetzes entsprechend anzuwenden. Für den Ersatz des Schadens bei unzulässiger oder unrichtiger automatisierter Erhebung, Verarbeitung oder Nutzung von personenbezogenen Sozialdaten gilt auch § 8 des Bundesdatenschutzgesetzes entsprechend.

§ 83 Auskunft an den Betroffenen

(1) Dem Betroffenen ist auf Antrag Auskunft zu erteilen über
1. die zu seiner Person gespeicherten Sozialdaten, auch soweit sie sich auf die Herkunft dieser Daten beziehen,
2. die Empfänger oder Kategorien von Empfängern, an die Daten weitergegeben werden, und
3. den Zweck der Speicherung.

In dem Antrag soll die Art der Sozialdaten, über die Auskunft erteilt werden soll, näher bezeichnet werden. Sind die Sozialdaten nicht automatisiert oder nicht in nicht automatisierten Dateien gespeichert, wird die Auskunft nur erteilt, soweit der Betroffene Angaben macht, die das Auffinden der Daten ermöglichen, und der für die Erteilung der Auskunft erforderliche Aufwand nicht außer Verhältnis zu dem Betroffenen geltend gemachten Informationsinteresse steht. Die verantwortliche Stelle bestimmt das Verfahren, insbesondere die Form der Auskunftserteilung, nach pflichtgemäßem Ermessen. § 25 Abs. 2 gilt entsprechend.

(2) Für Sozialdaten, die nur deshalb gespeichert sind, weil sie auf Grund gesetzlicher, satzungsmäßiger oder vertraglicher Aufbewahrungsvorschriften nicht gelöscht werden dürfen, oder die ausschließlich Zwecken der Datensicherung oder der Datenschutzkontrolle dienen, gilt Absatz 1 nicht, wenn eine Auskunftserteilung einen unverhältnismäßigen Aufwand erfordern würde.

(3) Bezieht sich die Auskunftserteilung auf die Übermittlung von Sozialdaten an Staatsanwaltschaften und Gerichte im Bereich der Strafverfolgung, an Polizeibehörden, Verfassungsschutzbehörden, den Bundesnachrichtendienst und den Militärischen Abschirmdienst, ist sie nur mit Zustimmung dieser Stellen zulässig.

(4) Die Auskunftserteilung unterbleibt, soweit
1. die Auskunft die ordnungsgemäße Erfüllung der in der Zuständigkeit der verantwortlichen Stelle liegenden Aufgaben gefährden würde,
2. die Auskunft die öffentliche Sicherheit gefährden oder sonst dem Wohle des Bundes oder eines Landes Nachteile bereiten würde oder
3. die Daten oder die Tatsache ihrer Speicherung nach einer Rechtsvorschrift oder ihrem Wesen nach, insbesondere wegen der überwiegenden berechtigten Interessen eines Dritten, geheimgehalten werden müssen,
und deswegen das Interesse des Betroffenen an der Auskunftserteilung zurücktreten muss.

(5) Die Ablehnung der Auskunftserteilung bedarf keiner Begründung, soweit durch die Mitteilung der tatsächlichen und rechtlichen Gründe, auf die die Entscheidung gestützt wird, der mit der Auskunftsverweigerung verfolgte Zweck gefährdet würde. In diesem Fall ist der Betroffene darauf hinzuweisen, dass er sich, wenn die in § 35 des Ersten Buches genannten Stellen der Kontrolle des Bundesbeauftragten für den Datenschutz unterliegen, an diesen,

sonst an die nach Landesrecht für die Kontrolle des Datenschutzes zuständige Stelle wenden kann.

(6) Wird einem Auskunftsberechtigten keine Auskunft erteilt, so kann, soweit es sich um in § 35 des Ersten Buches genannte Stellen handelt, die der Kontrolle des Bundesbeauftragten für den Datenschutz unterliegen, dieser, sonst die nach Landesrecht für die Kontrolle des Datenschutzes zuständige Stelle auf Verlangen der Auskunftsberechtigten prüfen, ob die Ablehnung der Auskunftserteilung rechtmäßig war.

(7) Die Auskunft ist unentgeltlich.

§ 84 Berichtigung, Löschung und Sperrung von Daten; Widerspruchsrecht

(1) Sozialdaten sind zu berichtigen, wenn sie unrichtig sind. Wird die Richtigkeit von Sozialdaten von dem Betroffenen bestritten und lässt sich weder die Richtigkeit noch die Unrichtigkeit der Daten feststellen, bewirkt dies keine Sperrung, soweit es um die Erfüllung sozialer Aufgaben geht; die ungeklärte Sachlage ist in geeigneter Weise festzuhalten. Die bestrittenen Daten dürfen nur mit einem Hinweis hierauf genutzt und übermittelt werden.

(1a) § 20 Abs. 5 des Bundesdatenschutzgesetzes gilt entsprechend.

(2) Sozialdaten sind zu löschen, wenn ihre Speicherung unzulässig ist. Sie sind auch zu löschen, wenn ihre Kenntnis für die verantwortliche Stelle zur rechtmäßigen Erfüllung der in ihrer Zuständigkeit liegenden Aufgaben nicht mehr erforderlich ist und kein Grund zu der Annahme besteht, dass durch die Löschung schutzwürdige Interessen des Betroffenen beeinträchtigt werden.

(3) An die Stelle einer Löschung tritt eine Sperrung, soweit
1. einer Löschung gesetzliche, satzungsmäßige oder vertragliche Aufbewahrungsfristen entgegenstehen,
2. Grund zu der Annahme besteht, dass durch eine Löschung schutzwürdige Interessen des Betroffenen beeinträchtigt würden, oder
3. eine Löschung wegen der besonderen Art der Speicherung nicht oder nicht mit angemessenem Aufwand möglich ist.

(4) Gesperrte Sozialdaten dürfen ohne Einwilligung des Betroffenen nur übermittelt oder genutzt werden, wenn

1. es zu wissenschaftlichen Zwecken, zur Behebung einer bestehenden Beweisnot oder aus sonstigen im überwiegenden Interesse der verantwortlichen Stelle oder eines Dritten liegenden Gründen unerlässlich ist und
2. die Sozialdaten hierfür übermittelt oder genutzt werden dürften, wenn sie nicht gesperrt wären.

(5) Von der Tatsache, dass Sozialdaten bestritten oder nicht mehr bestritten sind, von der Berichtigung unrichtiger Daten sowie der Löschung oder Sperrung wegen Unzulässigkeit der Speicherung sind die Stellen zu verständigen, denen im Rahmen einer Datenübermittlung diese Daten zur Speicherung weitergegeben worden sind, wenn dies keinen unverhältnismäßigen Aufwand erfordert und schutzwürdige Interessen des Betroffenen nicht entgegenstehen.

(6) § 71 Abs. 1 Satz 3 bleibt unberührt.

§ 84a Unabdingbare Rechte des Betroffenen

(1) Die Rechte des Betroffenen nach diesem Kapitel können nicht durch Rechtsgeschäft ausgeschlossen oder beschränkt werden.

(2) Sind die Daten des Betroffenen automatisiert oder in einer nicht automatisierten Datei gespeichert und sind mehrere Stellen speicherungsberechtigt, kann der Betroffene sich an jede dieser Stellen wenden, wenn er nicht in der Lage ist festzustellen, welche Stelle die Daten gespeichert hat. Diese ist verpflichtet, das Vorbringen des Betroffenen an die Stelle, die die Daten gespeichert hat, weiterzuleiten. Der Betroffene ist über die Weiterleitung und jene Stelle zu unterrichten.

§ 85 Bußgeldvorschriften

(1) Ordnungswidrig handelt, wer vorsätzlich oder fahrlässig
1. entgegen § 78 Abs. 1 Satz 1 Sozialdaten verarbeitet oder nutzt, wenn die Handlung nicht nach Absatz 2 Nr. 5 geahndet werden kann,
2. entgegen § 80 Abs. 4, auch in Verbindung mit § 67d Abs. 4 Satz 2, Sozialdaten anderweitig verarbeitet, nutzt oder länger speichert oder
3. entgegen § 81 Abs. 4 Satz 1 dieses Gesetzes in Verbindung mit § 4f Abs. 1 Satz 1 oder 2 des Bundesdatenschutzgesetzes, diese jeweils auch in Verbindung mit § 4f Abs. 1 Satz 3 und 6 des

Bundesdatenschutzgesetzes, einen Beauftragten für den Datenschutz nicht oder nicht rechtzeitig bestellt.

(2) Ordnungswidrig handelt, wer vorsätzlich oder fahrlässig

1. unbefugt Sozialdaten, die nicht allgemein zugänglich sind, erhebt oder verarbeitet,
2. unbefugt Sozialdaten, die nicht allgemein zugänglich sind, zum Abruf mittels automatisierten Verfahrens bereithält,
3. unbefugt Sozialdaten, die nicht allgemein zugänglich sind, abruft oder sich oder einem anderen aus automatisierten Verarbeitungen oder nicht automatisierten Dateien verschafft,
4. die Übermittlung von Sozialdaten, die nicht allgemein zugänglich sind, durch unrichtige Angaben erschleicht oder
5. entgegen § 67c Abs. 5 Satz 1 oder § 78 Abs. 1 Satz 1 Sozialdaten für andere Zwecke nutzt, indem er sie an Dritte weitergibt.

(3) Die Ordnungswidrigkeit kann im Falle des Absatzes 1 mit einer Geldbuße bis zu fünfundzwanzigtausend Euro, in den Fällen des Absatzes 2 mit einer Geldbuße bis zu zweihundertfünfzigtausend Euro geahndet werden.

§ 85a Strafvorschriften

(1) Wer eine in § 85 Abs. 2 bezeichnete vorsätzliche Handlung gegen Entgelt oder in der Absicht, sich oder einen anderen zu bereichern oder einen anderen zu schädigen, begeht, wird mit Freiheitsstrafe bis zu zwei Jahren oder mit Geldstrafe bestraft.

(2) Die Tat wird nur auf Antrag verfolgt. Antragsberechtigt sind der Betroffene, die verantwortliche Stelle, der Bundesbeauftragte für den Datenschutz oder der zuständige Landesbeauftragte für den Datenschutz.

aus dem SGB VIII

Viertes Kapitel: Schutz von Sozialdaten

§ 61 Anwendungsbereich

(1) Für den Schutz von Sozialdaten bei ihrer Erhebung und Verwendung in der Jugendhilfe gelten § 35 des Ersten Buches, §§ 67 bis 85a des Zehnten Buches sowie die nachfolgenden Vorschriften. Sie gelten für alle Stellen des Trägers der öffentlichen Jugendhilfe, soweit sie Aufgaben nach diesem Buch wahrnehmen. Für die Wahrnehmung von Aufgaben nach diesem Buch durch kreisangehörige Gemeinden und Gemeindeverbände, die nicht örtliche Träger sind, gelten die Sätze 1 und 2 entsprechend.

(2) Für den Schutz von Sozialdaten bei ihrer Erhebung und Verwendung im Rahmen der Tätigkeit des Jugendamts als Amtspfleger, Amtsvormund, Beistand und Gegenvormund gilt nur § 68.

(3) Werden Einrichtungen und Dienste der Träger der freien Jugendhilfe in Anspruch genommen, so ist sicherzustellen, dass der Schutz der personenbezogenen Daten bei der Erhebung und Verwendung in entsprechender Weise gewährleistet ist.

§ 62 Datenerhebung

(1) Sozialdaten dürfen nur erhoben werden, soweit ihre Kenntnis zur Erfüllung der jeweiligen Aufgabe erforderlich ist.

(2) Sozialdaten sind beim Betroffenen zu erheben. Er ist über die Rechtsgrundlage der Erhebung sowie die Zweckbestimmungen der Erhebung und Verwendung aufzuklären, soweit diese nicht offenkundig sind.

(3) Ohne Mitwirkung des Betroffenen dürfen Sozialdaten nur erhoben werden, wenn
1. eine gesetzliche Bestimmung dies vorschreibt oder erlaubt oder
2. ihre Erhebung beim Betroffenen nicht möglich ist oder die jeweilige Aufgabe ihrer Art nach eine Erhebung bei anderen erfordert, die Kenntnis der Daten aber erforderlich ist für
   a) die Feststellung der Voraussetzungen oder für die Erfüllung einer Leistung nach diesem Buch oder
   b) die Feststellung der Voraussetzungen für die Erstattung einer Leistung nach § 50 des Zehnten Buches oder

c) die Wahrnehmung einer Aufgabe nach den §§ 42 bis 48a und nach § 52 oder

d) die Erfüllung des Schutzauftrages bei Kindeswohlgefährdung nach § 8a oder

3. die Erhebung beim Betroffenen einen unverhältnismäßigen Aufwand erfordern würde und keine Anhaltspunkte dafür bestehen, dass schutzwürdige Interessen des Betroffenen beeinträchtigt werden oder

4. die Erhebung bei dem Betroffenen den Zugang zur Hilfe ernsthaft gefährden würde.

(4) Ist der Betroffene nicht zugleich Leistungsberechtigter oder sonst an der Leistung beteiligt, so dürfen die Daten auch beim Leistungsberechtigten oder einer anderen Person, die sonst an der Leistung beteiligt ist, erhoben werden, wenn die Kenntnis der Daten für die Gewährung einer Leistung nach diesem Buch notwendig ist. Satz 1 gilt bei der Erfüllung anderer Aufgaben im Sinne des § 2 Abs. 3 entsprechend.

§ 63 Datenspeicherung

(1) Sozialdaten dürfen gespeichert werden, soweit dies für die Erfüllung der jeweiligen Aufgabe erforderlich ist.

(2) Daten, die zur Erfüllung unterschiedlicher Aufgaben der öffentlichen Jugendhilfe erhoben worden sind, dürfen nur zusammengeführt werden, wenn und solange dies wegen eines unmittelbaren Sachzusammenhangs erforderlich ist. Daten, die zu Leistungszwecken im Sinne des § 2 Abs. 2 und Daten, die für andere Aufgaben im Sinne des § 2 Abs. 3 erhoben worden sind, dürfen nur zusammengeführt werden, soweit dies zur Erfüllung der jeweiligen Aufgabe erforderlich ist.

§ 64 Datenübermittlung und -nutzung

(1) Sozialdaten dürfen zu dem Zweck übermittelt oder genutzt werden, zu dem sie erhoben worden sind.

(2) Eine Übermittlung für die Erfüllung von Aufgaben nach § 69 des Zehnten Buches ist abweichend von Absatz 1 nur zulässig, soweit dadurch der Erfolg einer zu gewährenden Leistung nicht in Frage gestellt wird.

(2a) Vor einer Übermittlung an eine Fachkraft, die der verantwortlichen Stelle nicht angehört, sind die Sozialdaten zu anonymisieren oder zu pseudonymisieren, soweit die Aufgabenerfüllung dies zulässt.

(3) Sozialdaten dürfen beim Träger der öffentlichen Jugendhilfe zum Zwecke der Planung im Sinne des § 80 gespeichert oder genutzt werden; sie sind unverzüglich zu anonymisieren.

§ 65 Besonderer Vertrauensschutz in der persönlichen und erzieherischen Hilfe

(1) Sozialdaten, die dem Mitarbeiter eines Trägers der öffentlichen Jugendhilfe zum Zweck persönlicher und erzieherischer Hilfe anvertraut worden sind, dürfen von diesem nur weitergegeben werden

1. mit der Einwilligung dessen, der die Daten anvertraut hat, oder
2. dem Vormundschafts- oder dem Familiengericht zur Erfüllung der Aufgaben nach § 8a Abs. 3, wenn angesichts einer Gefährdung des Wohls eines Kindes oder eines Jugendlichen ohne diese Mitteilung eine für die Gewährung von Leistungen notwendige gerichtliche Entscheidung nicht ermöglicht werden könnte, oder
3. dem Mitarbeiter, der aufgrund eines Wechsels der Fallzuständigkeit im Jugendamt oder eines Wechsels der örtlichen Zuständigkeit für die Gewährung oder Erbringung der Leistung verantwortlich ist, wenn Anhaltspunkte für eine Gefährdung des Kindeswohls gegeben sind und die Daten für eine Abschätzung des Gefährdungsrisikos notwendig sind, oder
4. an die Fachkräfte, die zum Zwecke der Abschätzung des Gefährdungsrisikos nach § 8a hinzugezogen werden; § 64 Abs. 2a bleibt unberührt, oder
5. unter den Voraussetzungen, unter denen eine der in § 203 Abs. 1 oder 3 des Strafgesetzbuches genannten Personen dazu befugt wäre.

Gibt der Mitarbeiter anvertraute Sozialdaten weiter, so dürfen sie vom Empfänger nur zu dem Zweck weitergegeben werden, zu dem er diese befugt erhalten hat.

(2) § 35 Abs. 3 des Ersten Buches gilt auch, soweit ein behördeninternes Weitergabeverbot nach Absatz 1 besteht.

§ 66 (aufgehoben)

§ 67 (aufgehoben)

§ 68 Sozialdaten im Bereich der Beistandschaft, Amtspflegschaft und der Amtsvormundschaft

(1) Der Beamte oder Angestellte, dem die Ausübung der Beistandschaft, Amtspflegschaft oder Amtsvormundschaft übertragen ist, darf Sozialdaten nur erheben und verwenden, soweit dies zur Erfüllung seiner Aufgaben erforderlich ist. Die Nutzung dieser Sozialdaten zum Zweck der Aufsicht, Kontrolle oder Rechnungsprüfung durch die dafür zuständigen Stellen sowie die Übermittlung an diese ist im Hinblick auf den Einzelfall zulässig.

(2) Für die Löschung und Sperrung der Daten gilt § 84 Abs. 2, 3 und 6 des Zehnten Buches entsprechend.

(3) Wer unter Beistandschaft, Amtspflegschaft oder Amtsvormundschaft gestanden hat, hat nach Vollendung des 18. Lebensjahres ein Recht auf Kenntnis der zu seiner Person gespeicherten Informationen, soweit nicht berechtigte Interessen Dritter entgegenstehen. Vor Vollendung des 18. Lebensjahres können ihm die gespeicherten Informationen bekannt gegeben werden, soweit er die erforderliche Einsichts- und Urteilsfähigkeit besitzt und keine berechtigten Interessen Dritter entgegenstehen. Nach Beendigung einer Beistandschaft hat darüber hinaus der Elternteil, der die Beistandschaft beantragt hat, einen Anspruch auf Kenntnis der gespeicherten Daten, solange der junge Mensch minderjährig ist und der Elternteil antragsberechtigt ist.

(4) Personen oder Stellen, an die Sozialdaten übermittelt worden sind, dürfen diese nur zu dem Zweck verwenden, zu dem sie ihnen nach Absatz 1 befugt weitergegeben worden sind.

(5) Für die Tätigkeit des Jugendamts als Gegenvormund gelten die Absätze 1 bis 4 entsprechend.

aus dem Landeskrankenhausgesetz für das Land Mecklenburg-Vorpommern (LKHG MV)

Abschnitt III: Patientendatenschutz

§ 14 Anwendungsbereich und Begriffsbestimmungen

(1) Im Krankenhaus verarbeitete Patientendaten unterliegen unabhängig von der Art ihrer Verarbeitung dem Datenschutz. Patientendaten sind alle Einzelangaben über persönliche oder sachliche Verhältnisse bestimmter oder bestimmbarer Patienten eines Krankenhauses. Als Patientendaten gelten auch personenbezogene Daten von Angehörigen oder anderen Bezugspersonen des Patienten sowie sonstiger Dritter, die dem Krankenhaus im Zusammenhang mit der Behandlung bekannt werden.

(2) Ergänzend zu den Vorschriften dieses Gesetzes über die Verarbeitung von Patientendaten gelten die Vorschriften des Landesdatenschutzgesetzes vom 28. März 2002 (GVOBl. M-V S. 154) mit Ausnahme des § 25 Abs. 3 des Landesdatenschutzgesetzes und mit der Maßgabe, dass an Stelle der §§ 4 und 7 Abs. 1 bis 4, der §§ 8 bis 10, des § 13 Abs. 2 bis 5 und der §§ 14, 15, 24 und 34 des Landesdatenschutzgesetzes die Vorschriften dieses Gesetzes treten. § 2 Abs. 5 des Landesdatenschutzgesetzes findet auf Krankenhäuser keine Anwendung.

§ 15 Erheben und Speichern von Daten

(1) Patientendaten dürfen nur erhoben und gespeichert werden, soweit dies erforderlich ist
1. zur Erfüllung des mit dem Patienten oder zu seinen Gunsten abgeschlossenen Behandlungsvertrages, einschließlich der Erfüllung der ärztlichen Dokumentationspflicht und der Pflegedokumentation,
2. zur sozialen und seelsorgerischen Betreuung des Patienten nach § 11, wenn eine Einwilligung wegen offenkundiger Hilflosigkeit oder mangelnder Einsichtsfähigkeit nicht eingeholt werden kann und der mutmaßliche Wille des Patienten nicht entgegensteht,
3. zur Leistungsabrechnung und Abwicklung von Ansprüchen, die mit der Behandlung im Zusammenhang stehen
oder soweit dieses Gesetz oder eine andere Rechtsvorschrift dies vorschreibt oder erlaubt oder der Patient im Einzelfall eingewilligt hat.

(2) Die Einwilligung bedarf der Schriftform, soweit nicht wegen besonderer Umstände eine andere Form angemessen ist. Vor der Einwilligung ist in geeigneter Weise über die Bedeutung der Einwilligung, insbesondere über Art und Umfang der Verarbeitung und Nutzung der Daten, bei einer beabsichtigten Übermittlung auch über den Empfänger der Daten, aufzuklären und darauf hinzuweisen, dass die Einwilligung verweigert oder mit Wirkung für die Zukunft widerrufen werden kann. Wird die Einwilligung zusammen mit anderen Erklärungen schriftlich erteilt, ist der Patient hierauf besonders hinzuweisen. Ist der Patient aus tatsächlichen oder rechtlichen Gründen nicht in der Lage, die Einwilligung zu erteilen, ist die Erklärung im Wege gesetzlicher Vertretung oder, wenn eine solche nicht vorhanden ist, durch Angehörige abzugeben.

(3) Patientendaten dürfen, soweit sie nicht durch andere Stellen nach Maßgabe des § 21 im Auftrag verarbeitet oder an andere Stellen nach Maßgabe des § 17 übermittelt werden, als automatisierte Dateien nur auf Datenträgern gespeichert und durch Datenverarbeitungssysteme und Programme verarbeitet werden, die der ausschließlichen Verfügungsgewalt des Krankenhauses unterliegen.

§ 16 Nutzen und Übermitteln von Daten im Krankenhaus

(1) Patientendaten dürfen für die Zwecke genutzt werden, für die sie nach § 15 Abs. 1 erhoben worden sind. Darüber hinaus dürfen sie nur genutzt werden, soweit dies erforderlich ist für
1. die Geltendmachung von Ansprüchen des Krankenhauses sowie zur Abwehr von Ansprüchen oder die Verfolgung von Straftaten oder Ordnungswidrigkeiten,
2. Planungszwecke und Wirtschaftlichkeits- und Organisationsuntersuchungen,
3. die im Krankenhaus durchgeführte Aus-, Fort- und Weiterbildung in ärztlichen oder anderen Fachberufen des Gesundheitswesens,
4. Forschungszwecke gemäß § 20,
soweit der Zweck nicht mit anonymisierten Daten erreicht werden kann.

(2) Krankenhausmitarbeiter dürfen Patientendaten nur für den zu ihrer jeweiligen rechtmäßigen Aufgabenerfüllung gehörenden Zweck übermitteln.

(3) Für die Übermittlung von Patientendaten zwischen Behandlungseinrichtungen verschiedener Fachrichtungen in einem Krankenhaus (Fachabteilungen, medizinische Bereiche, Institute) gilt § 17 Abs. 1 entsprechend.

(4) Sofern Patientendaten aus dem medizinischen Bereich durch die Verwaltung oder andere nichtmedizinische Stellen im Krankenhaus für Zwecke nach Absatz 1 Nr. 2 genutzt werden, darf dies grundsätzlich nur mit anonymisierten Daten geschehen. Im Einzelfall dürfen Patientendaten zur Vermeidung mehrfacher Erhebung derselben Daten zusammengeführt werden, wenn sie vorher mit Ausnahme einer Kennziffer anonymisiert worden sind. Nach der Zusammenführung der Datensätze sind die Merkmale, mit deren Hilfe ein Personenbezug hergestellt werden kann, zu löschen.

§ 17 Übermittlung an Stellen außerhalb des Krankenhauses

(1) Die Übermittlung von Patientendaten an Personen oder Stellen außerhalb des Krankenhauses ist nur zulässig, soweit dies erforderlich ist
1. zur Erfüllung des Behandlungsvertrages,
2. zur Durchführung einer Mit- oder Nachbehandlung, soweit der Patient nichts anderes bestimmt hat,
3. zur Abwehr einer gegenwärtigen Gefahr für Leben, körperliche Unversehrtheit oder persönliche Freiheit des Patienten oder Dritter, wenn diese Rechtsgüter das Geheimhaltungsinteresse des Patienten wesentlich überwiegen,
4. zur Unterrichtung von Angehörigen oder anderen Bezugspersonen, für die Übermittlung medizinischer Daten jedoch nur, falls die Einwilligung des Patienten nicht rechtzeitig erlangt werden kann, kein gegenteiliger Wille kundgetan wurde oder sonstige Anhaltspunkte dafür bestehen, dass eine Übermittlung nicht angebracht ist,
5. zur Erfüllung einer Behandlungspflicht oder einer gesetzlich vorgeschriebenen Mitteilungspflicht, soweit diese der ärztlichen Schweigepflicht vorgeht,
6. zu Forschungszwecken nach Maßgabe des § 20,
7. zur Durchsetzung von Ansprüchen aus dem Behandlungsvertrag,
8. zur Feststellung der Leistungspflicht der Kostenträger und zur Abrechnung mit diesen,
9. zur Rechnungsprüfung durch den Krankenhausträger, einen von ihm beauftragten Wirtschaftsprüfer oder den Landesrechnungshof und zur Überprüfung der Wirtschaftlichkeit durch Beauftragte im Rahmen des § 113 SGB V und des Pflegesatzverfahrens nach der Bundespflegesatzverordnung,
10. zur sozialen und seelsorgerischen Betreuung des Patienten nach Maßgabe der §§ 11 und 15,
11. zur Bearbeitung von Patientenbeschwerden,
12. zur Durchführung qualitätssichernder Maßnahmen, soweit der Zweck nicht mit anonymisierten Daten erreicht werden kann

und das öffentliche Interesse an der Durchführung der Maßnahme die Patientenschutzrechte wesentlich überwiegt,

13. zur Meldung nach § 15b Abs. 2 des Gesetzes über den Öffentlichen Gesundheitsdienst über die Durchführung einer Kinderuntersuchung nach § 26 Abs. 1 des Fünften Buches Sozialgesetzbuch in Verbindung mit den Richtlinien des Bundesausschusses der Ärzte und Krankenkassen über die Früherkennung von Krankheiten bei Kindern bis zur Vollendung des 6. Lebensjahres in der Fassung vom 26. April 1976 (Beilage Nr. 28 zum BAnz. Nr. 214 vom 11. November 1976), zuletzt geändert am 15. Mai 2008 (BAnz. S. 2326) - Kinder-Richtlinien -.

(2) Personen oder Stellen, denen nach diesem Gesetz Patientendaten übermittelt werden, dürfen diese nur zu dem Zweck verwenden, zu dem sie ihnen befugt übermittelt worden sind. Eine Übermittlung der Daten durch diese Personen oder Stellen an Dritte bedarf der Zustimmung des Krankenhauses. Im Übrigen haben sie diese Daten unbeschadet sonstiger Datenschutzbestimmungen in demselben Umfang geheim zu halten wie das Krankenhaus selbst.

(3) Soweit die Vorschriften dieses Gesetzes auf die Datenempfänger keine Anwendung finden, ist eine Übermittlung in den Fällen des Absatzes 1 nur zulässig, wenn die Empfänger sich zur Einhaltung der Vorschriften des Absatzes 2 verpflichten. Im Falle einer Übermittlung an Stellen außerhalb des Geltungsbereichs des Grundgesetzes gilt § 16 des Landesdatenschutzgesetzes entsprechend.

§ 18 Auskunft und Akteneinsicht

(1) Patienten ist auf Antrag kostenfrei Auskunft über die zu ihrer Person gespeicherten Daten zu erteilen und Einsicht in die Krankenunterlagen einschließlich der ärztlichen und pflegerischen Dokumentation zu gewähren. Dieses Recht erstreckt sich auch auf Angaben über die Personen und Stellen, denen Patientendaten übermittelt worden sind. Die Datenschutzrechte Dritter sind zu beachten. Sind Patientendaten mit personenbezogenen Daten Dritter untrennbar verbunden, kann die Einsicht in diese Daten verwehrt werden, wenn dadurch überwiegende schutzwürdige Interessen dieser Personen gefährdet würden. Im Übrigen bleibt das Einsichtsrecht unberührt.

(2) Das Krankenhaus kann im Einzelfall die Auskunft über die gespeicherten Daten oder die Akteneinsicht durch einen Arzt vermitteln lassen, sofern anderenfalls eine unverhältnismäßige Beeinträch-

tigung der Gesundheit des Patienten zu befürchten ist. Die Notwendigkeit der Vermittlung ist zu begründen und schriftlich in der Krankenakte festzuhalten.

(3) Absatz 1 gilt entsprechend, soweit Dritte im Sinne des § 14 Abs. 1 Satz 2 Auskunft über die zu ihrer Person gespeicherten Daten verlangen und schutzwürdige Belange des Patienten nicht entgegenstehen.

§ 19 Löschung und Sperrung von Daten

(1) Patientendaten in Krankenunterlagen sind nach Abschluss der Behandlung zu sperren und spätestens nach Ablauf von 30 Jahren zu löschen. Im Übrigen sind Patientendaten zu löschen, wenn sie zur Erfüllung der Nutzungszwecke nach diesem Gesetz nicht mehr erforderlich sind. An die Stelle der Löschung tritt eine Sperrung, solange
1. der Löschung eine durch Rechtsvorschrift oder durch die ärztliche Berufsordnung vorgeschriebene Aufbewahrungsfrist entgegensteht oder
2. Grund zu der Annahme besteht, dass durch die Löschung schutzwürdige Belange des Patienten beeinträchtigt würden.
Soweit die Voraussetzungen nach Satz 3 nicht vorliegen, können Daten anstelle der Löschung anonymisiert werden, wenn sichergestellt ist, dass der Personenbezug in keiner Weise wiederhergestellt werden kann.

(2) Gesperrte Daten sind gesondert zu speichern. Soweit dies nicht möglich ist, sind die Daten mit einem Sperrvermerk zu versehen. Gesperrte Daten dürfen vor Ablauf der Sperrfrist nicht verändert oder gelöscht werden. Zur Erschließung der Akten ist im Krankenhausarchiv ein Nachweis zu führen, zu dem kein direkter Zugriff anderer Bereiche besteht. Die Sperrung kann nur aufgehoben werden für die Durchführung einer Behandlung, mit der die frühere Behandlung in einem medizinischen Sachzusammenhang steht, zur Behebung einer Beweisnot, für eine spätere Übermittlung nach § 17 Abs. 1 oder wenn der Patient einwilligt. Die Aufhebung der Sperrung ist zu begründen und in der Krankenunterlage zu vermerken.

(3) Soweit Patientendaten in automatisierten Verfahren mit der Möglichkeit des Direktabrufs gespeichert werden, ist nach Abschluss der Behandlung die Möglichkeit des Direktabrufs zu sperren.

§ 20 Datenverarbeitung für Forschungszwecke

(1) Die Verarbeitung und Nutzung von Patientendaten, die im Rahmen von § 15 Abs. 1 gespeichert worden sind, ist für Forschungszwecke zulässig, wenn der Patient eingewilligt hat.

(2) Patientendaten dürfen ohne Einwilligung des Patienten nur für bestimmte Forschungsvorhaben verarbeitet und genutzt werden, soweit

1. dessen schutzwürdige Belange wegen der Art der Daten, ihrer Offenkundigkeit oder der Art ihrer Nutzung nicht beeinträchtigt werden oder
2. die für das Krankenhaus zuständige oberste Aufsichtsbehörde festgestellt hat, dass das öffentliche Interesse an der Durchführung des Forschungsvorhabens die schutzwürdigen Belange des Patienten erheblich überwiegt und der Zweck des Forschungsvorhabens nicht auf andere Weise oder nur mit unverhältnismäßigem Aufwand erreicht werden kann.

Soweit Patientendaten unter diesen Voraussetzungen an Hochschulen oder andere mit wissenschaftlicher Forschung beauftragte Stellen übermittelt werden, hat das Krankenhaus die empfangende Stelle, die Art der zu übermittelnden Daten, den Kreis der betroffenen Personen, das von der empfangenden Stelle genannte Forschungsvorhaben sowie das Vorliegen der Voraussetzungen des Satzes 1 aufzuzeichnen. Der Datenschutzbeauftragte des Krankenhauses ist zu beteiligen.

(3) Jede weitere Nutzung der Patientendaten unterliegt den Anforderungen der Absätze 1 und 2. Die übermittelnde Stelle hat sich vor der Übermittlung davon zu überzeugen, dass die empfangende Stelle bereit und in der Lage ist, diese Vorschriften einzuhalten.

(4) Sobald der Forschungszweck es erlaubt, sind die Merkmale, mit deren Hilfe ein Patientenbezug hergestellt werden kann, gesondert zu speichern. Die Merkmale sind zu löschen, sobald der Forschungszweck dies gestattet. Die Forschung betreibende Stelle darf Patientendaten nur mit schriftlicher Einwilligung der Betroffenen veröffentlichen.

(5) Soweit die Vorschriften dieses Gesetzes auf die empfangende Stelle keine Anwendung finden, dürfen Patientendaten nur übermittelt werden, wenn die empfangende Stelle sich verpflichtet, die Vorschriften der Absätze 2 und 4 einzuhalten und sich insoweit der Kontrolle des Landesbeauftragten für den Datenschutz unterwirft.

(6) Ein Arzt darf für eigene Diagnose-, Behandlungs- oder Forschungszwecke Dateien mit Patientendaten anlegen. Der Arzt hat entsprechend §§ 21 und 22 des Landesdatenschutzgesetzes insbesondere sicherzustellen, dass Dritte keinen Zugriff auf die Daten haben, soweit sie diese nicht zur Mitbehandlung benötigen. Dazu hat er gegenüber dem Krankenhausträger den Nachweis zu erbringen, dass hierzu bei ihm die technischen und organisatorischen Voraussetzungen zur Durchsetzung des Datenschutzes im Sinne des Gesetzes gewährleistet sind. Sobald es der Verarbeitungszweck erlaubt, sind die Daten zu anonymisieren.

§ 21 Datenverarbeitung im Auftrag

(1) Das Krankenhaus darf die Verarbeitung von Patientendaten einem Auftragnehmer übertragen, wenn
1. Störungen im Betriebsablauf sonst nicht vermieden werden können,
2. die Datenverarbeitung dadurch erheblich kostengünstiger gestaltet werden kann oder
3. das Krankenhaus seinen Betrieb einstellt.
Vor der Erteilung eines Auftrags zur Verarbeitung von Patientendaten außerhalb des Krankenhauses ist zu prüfen, ob der Zweck auch mit verschlüsselten oder pseudonymisierten Patientendaten erreicht werden kann.

(2) Eine über drei Monate hinausgehende Speicherung von Patientendaten durch einen Auftragnehmer ist außerhalb des Krankenhauses nur zulässig, wenn die Patientendaten auf getrennten Datenträgern gespeichert sind, die der Auftragnehmer für das Krankenhaus verwahrt.

(3) Der Auftragnehmer ist vom Krankenhaus sorgfältig auszuwählen. Die Einzelheiten des Auftrags und die vom Auftragnehmer zu treffenden technischen und organisatorischen Sicherungsmaßnahmen sind schriftlich zu vereinbaren. Eine Abschrift der Vereinbarung hat das Krankenhaus dem Landesbeauftragten für den Datenschutz unverzüglich zu übersenden.

(4) Der Auftragnehmer darf die ihm überlassenen Patientendaten nur im Rahmen des Auftrags und der Weisungen des Krankenhauses verarbeiten. Sofern die §§ 14 bis 20 für den Auftragnehmer nicht gelten, hat das Krankenhaus sicherzustellen, dass der Auftragnehmer diese Vorschriften entsprechend anwendet und sich insoweit der Kontrolle des Landesbeauftragten für den Datenschutz unterwirft.

(5) Eine Übertragung des Auftrags auf Dritte oder die Erteilung von Unteraufträgen ist nur mit Zustimmung des Krankenhauses zulässig. Die Absätze 2 bis 4 gelten entsprechend.

(6) Übernimmt ein Auftragnehmer nach einer Betriebseinstellung eines Krankenhauses den gesamten Bestand der Patientendaten, gelten für ihn als verantwortliche Stelle hinsichtlich der Verarbeitung dieser Daten die Vorschriften dieses Abschnitts. Bei der Übernahme ist vertraglich sicherzustellen, dass Patienten für die Dauer von zehn Jahren nach Abschluss der Behandlung oder Untersuchung auf Verlangen in gleicher Weise wie bisher beim Krankenhaus Auskunft und Einsicht erhalten.

aus dem Gesetz über den Öffentlichen Gesundheitsdienst im Land Mecklenburg-Vorpommern (ÖGDG MV)

§ 15b Förderung der Teilnahme an Kinderuntersuchungen nach § 26 SGB V

(1) Das Landesamt für Gesundheit und Soziales ist die Servicestelle zur Förderung der Teilnahme an Kinderuntersuchungen. Es hat die Aufgabe festzustellen, inwieweit die Kinderuntersuchungen nach § 26 Abs. 1 des Fünften Buches Sozialgesetzbuch in Verbindung mit den Richtlinien des Bundesausschusses der Ärzte und Krankenkassen über die Früherkennung von Krankheiten bei Kindern bis zur Vollendung des 6. Lebensjahres in der Fassung vom 26. April 1976 (Beilage Nr. 28 zum BAnz. Nr. 214 vom 11. November 1976), zuletzt geändert am 15. Mai 2008 (BAnz. S. 2326), – Kinder-Richtlinien – in Anspruch genommen wurden. Dazu ermittelt sie die gesetzlich krankenversicherten und die nicht gesetzlich krankenversicherten Kinder in dem für die Kinderuntersuchungen U2 bis U9 nach Abschnitt B der Kinder-Richtlinien maßgeblichen Alter.

(2) Ärzte sowie Krankenhäuser, die eine Kinderuntersuchung nach Absatz 1 eines Kindes mit gewöhnlichem Aufenthalt in Mecklenburg-Vorpommern durchgeführt haben, sind verpflichtet, der Servicestelle innerhalb von 14 Tagen nach Durchführung einer Kinderuntersuchung in schriftlicher oder elektronischer Form folgende Daten zu übermitteln:
1. den Familiennamen des Kindes (jetziger Name mit Namensbestandteilen),
2. den Vornamen des Kindes,
3. den Tag und den Ort der Geburt des Kindes,
4. das Geschlecht des Kindes,
5. die Hauptwohnung des Kindes,
6. die Bezeichnung der durchgeführten Kinderuntersuchung.
Die den Ärzten und Krankenhäusern im Zusammenhang mit der Übermittlung von Daten nach Satz 1 entstehenden Sachkosten trägt das Land. Das Ministerium für Soziales und Gesundheit legt im Einvernehmen mit dem Innenministerium und nach Anhörung des Landesbeauftragten für den Datenschutz Mecklenburg-Vorpommern die Einzelheiten zum Inhalt und zur Form der Übermittlung von Daten fest.

(3) Die Meldebehörden übermitteln der Servicestelle für jedes Kind mit gewöhnlichem Aufenthalt in Mecklenburg-Vorpommern regelmäßig die zur Durchführung der Aufgaben nach diesem Gesetz erforderlichen Daten nach Absatz 2 Nr. 1 bis 5. Darüber hinaus übermitteln die Meldebehörden den Vor- und Familiennamen (jetziger

Name mit Namensbestandteilen) sowie die gegenwärtige Anschrift der und/oder des Sorgeberechtigten des Kindes. Soweit zutreffend, übermitteln die Meldebehörde den Sterbetag und -ort des Kindes.

(4) Die §§ 15a und 25 bleiben unberührt. Durch einen Abgleich der Daten nach Absatz 2 mit denen nach Absatz 3 stellt die Servicestelle fest, welches Kind nicht an einer Kinderuntersuchung nach Absatz 1 teilgenommen hat. Diese Daten sind zu löschen, wenn ihre Verarbeitung für die Servicestelle nicht mehr erforderlich ist. Die nach Absatz 2 Satz 1 erhobenen Daten sind spätestens sechs Monate nach ihrer Übermittlung, die nach Absatz 3 erhobenen Daten spätestens mit Vollendung des sechsten Lebensjahres des Kindes zu löschen.

(5) Stellt die Servicestelle fest, dass ein Kind nicht in dem für die Untersuchungsstufe vorgesehenen Zeitraum an einer für sein Alter vorgesehenen Kinderuntersuchung nach Absatz 1 teilgenommen hat, so erinnert sie die Sorgeberechtigte und/oder den Sorgeberechtigten schriftlich an diese Untersuchung. Bis zur Kinderuntersuchung U5 nach Abschnitt B der Kinder-Richtlinien weist die Servicestelle auf die nächstfolgende Kinderuntersuchung hin; ab der Kinderuntersuchung U6 erinnert sie daran, die Kinderuntersuchung nachzuholen.

(6) Nimmt ein Kind trotz der Erinnerung nach Absatz 5 nicht an einer Kinderuntersuchung nach Absatz 1 innerhalb der in Abschnitt B der Kinder-Richtlinien festgelegten Toleranzgrenzen teil, so meldet die Servicestelle dem zuständigen Gesundheitsamt unter Bezeichnung der nicht durchgeführten Untersuchung die in Absatz 2 Satz 1 Nr. 1 bis 5 und in Absatz 3 Satz 2 genannten Daten.

(7) Auf der Grundlage der Unterrichtung durch die Servicestelle nach Absatz 6 bietet das zuständige Gesundheitsamt jeder zur Personensorge berechtigten Person des Kindes, welches nicht an einer Kinderuntersuchung teilgenommen hat, aufsuchende Hilfe im Sinne von § 2 Abs. 2 des Gesetzes an und gibt Hinweise auf Leistungen dieses Gesetzes sowie auf andere unterstützende Maßnahmen. Insbesondere berät das zuständige Gesundheitsamt über den Inhalt und Zweck der Früherkennungsuntersuchungen und weist auf den Sinn der Durchführung einer ausstehenden Untersuchung durch eine Ärztin oder einen Arzt hin. Bei Bedarf vermittelt es hierzu die notwendigen Kontakte. Wird dieses Hilfsangebot nicht wahrgenommen oder ergeben sich Anhaltspunkte für eine Misshandlung, Vernachlässigung oder einen sexuellen Missbrauch eines Kindes, nimmt das zuständige Gesundheitsamt sofort Kontakt mit dem zuständigen Jugendamt auf, damit dieses unverzüglich zum Schutze des Kindes tätig wird.

aus der bundesdeutschen Musterberufsordnung für deutsche Ärztinnen und Ärzte bzw. der Berufsordnung für mecklenburg-vorpommerische Ärztinnen und Ärzte
[die Normen sind identisch]

§ 9 Schweigepflicht

(1) Ärztinnen und Ärzte haben über das, was ihnen in ihrer Eigenschaft als Ärztin oder Arzt anvertraut oder bekannt geworden ist – auch über den Tod der Patientin oder des Patienten hinaus – zu schweigen. Dazu gehören auch schriftliche Mitteilungen der Patientin oder des Patienten, Aufzeichnungen über Patientinnen und Patienten, Röntgenaufnahmen und sonstige Untersuchungsbefunde.

(2) Ärztinnen und Ärzte sind zur Offenbarung befugt, soweit sie von der Schweigepflicht entbunden worden sind oder soweit die Offenbarung zum Schutze eines höherwertigen Rechtsgutes erforderlich ist. Gesetzliche Aussage- und Anzeigepflichten bleiben unberührt. Soweit gesetzliche Vorschriften die Schweigepflicht der Ärztin oder des Arztes einschränken, soll die Ärztin oder der Arzt die Patientin oder den Patienten darüber unterrichten.

(3) Ärztinnen und Ärzte haben ihre Mitarbeiterinnen und Mitarbeiter und die Personen, die zur Vorbereitung auf den Beruf an der ärztlichen Tätigkeit teilnehmen, über die gesetzliche Pflicht zur Verschwiegenheit zu belehren und dies schriftlich festzuhalten.

(4) Wenn mehrere Ärztinnen und Ärzte gleichzeitig oder nacheinander dieselbe Patientin oder denselben Patienten untersuchen oder behandeln, so sind sie untereinander von der Schweigepflicht insoweit befreit, als das Einverständnis der Patientin oder des Patienten vorliegt oder anzunehmen ist.

aus der mecklenburg-vorpommerischen Berufsordnung für Hebammen und Entbindungspfleger (HebBO MV)

§ 4

Hebammen und Entbindungspfleger haben über das, was ihnen im Rahmen der Berufsausübung anvertraut oder bekannt geworden ist, zu schweigen, soweit sie nicht zur Offenbarung befugt sind. Dazu gehören auch schriftliche Mitteilungen der Patienten, Aufzeichnungen über Patienten und sonstige Untersuchungsbefunde. Diese Schweigepflicht gilt auch gegenüber Ärzten und Ärztinnen sowie Hebammen und Entbindungspflegern, die nicht bei der Behandlung oder Betreuung mitwirken.

aus dem Schulgesetz Mecklenburg-Vorpommern (SchulG MV)

Teil 1: Recht auf schulische Bildung und Auftrag der Schule

§ 4 Grundsätze für die Verwirklichung des Auftrags der Schulen

(1) Die Schulen haben die religiösen und weltanschaulichen Überzeugungen der Schüler, Erziehungsberechtigten und Lehrer sowie das verfassungsmäßige Recht der Erziehungsberechtigten auf Erziehung ihrer Kinder zu achten.

(2) Schule und Unterricht sind auf gleiche Bildungschancen für alle Schüler auszurichten. Eine den einzelnen Schülern angemessene Förderung von Fähigkeiten, Interessen und Neigungen ist zu gewährleisten. Schüler sind in ihrer Persönlichkeitsentwicklung zu stärken, individuellen Problemen ist durch geeignete Fördermaßnahmen entgegenzuwirken. Der kooperierende Träger der Jugendhilfe und das Jugendamt sind im Bedarfsfall einzubeziehen. Unterricht ist so zu gestalten, dass gemeinsames Lernen und Erziehen von Schülern in größtmöglichem Ausmaß verwirklicht werden kann. Jede Form äußerer Differenzierung dient ausschließlich der Förderung der einzelnen Schüler.

(3) Allgemeine und berufliche Bildung sind gleichrangig. Dabei ist auf die Beseitigung bestehender Nachteile sowie auf die Überwindung des geschlechtsspezifischen Ausbildungs- und Arbeitsmarktes hinzuwirken. Die Schule schafft die Voraussetzungen für eine der Eignung und Leistung der Schüler entsprechende Berufsausbildung und Berufsausübung. Die Zusammenarbeit zwischen Schule und Arbeits- und Berufswelt wird durch Praktika und gezielte berufsorientierende Maßnahmen sowie den Gegenstandsbereich Arbeit-Wirtschaft-Technik und Informatik gefördert.

(4) Das Land, die kommunalen Gebietskörperschaften und die freien Träger wirken bei der Erfüllung des Bildungs- und Erziehungsauftrags der Schule mit Lehrern, Schülern, Erziehungsberechtigten und den für die außerschulische Berufsausbildung Verantwortlichen nach Maßgabe dieses Gesetzes zusammen.

(5) Die Schule, die Erziehungsberechtigten und die Träger der freien und öffentlichen Jugendhilfe wirken bei der Erfüllung des Rechts der Schüler auf größtmögliche Entfaltung ihrer Persönlichkeit und Fähigkeiten zusammen. Die Schule achtet das verfassungsmäßige Recht und die Pflicht der Erziehungsberechtigten und kooperiert mit

ihnen bei der Erziehung ihrer Kinder. Sie beteiligt die Erziehungsberechtigten an der Gestaltung des Schullebens und nutzt besondere Befähigungen und Erfahrungen für den Unterricht. Insbesondere an schulischen Veranstaltungen außerhalb des Unterrichts sollen Erziehungsberechtigte unmittelbar beteiligt werden. Die Schule ermöglicht den Schülern gemäß ihrem Alter und ihrer Entwicklung ein Höchstmaß an Mitwirkung in Unterricht und Erziehung, damit sie ihren Bildungsweg individuell und eigenverantwortlich gestalten und zur Selbstständigkeit gelangen können. Das Wohl der Schüler erfordert es, jedem Anschein von Vernachlässigung, Misshandlung oder anderer Gefährdungen des Kindeswohls nachzugehen. Die Schule entscheidet rechtzeitig über die Einbeziehung des Jugendamtes oder anderer zuständiger Stellen. Das Verfahren und die Verantwortlichkeiten an der Schule regelt der Schulleiter.

(6) Schüler beiderlei Geschlechts werden grundsätzlich gemeinsam unterrichtet. Dabei ist der Unterricht so zu gestalten, dass die gemeinsame Unterrichtung und Erziehung sowie das gemeinsame Lernen der Schüler die Geschlechtergerechtigkeit berücksichtigt, mögliche Benachteiligungen ausgleicht und Chancengleichheit herstellt. Das Prinzip des Gender Mainstreaming ist zu berücksichtigen und alle erziehungsrelevanten Maßnahmen und Strukturen unter Einbeziehung der Geschlechterperspektive zu entwickeln. Sofern es pädagogisch sinnvoll ist, können sie zeitweise auch getrennt unterrichtet werden. Die Entscheidung trifft die Schulkonferenz auf Vorschlag der Fachkonferenz.

(7) Jede Schule ist für die Erfüllung des Bildungs- und Erziehungsauftrags verantwortlich. Das Ziel ist die Entwicklung des einzelnen Schülers zu Eigenverantwortlichkeit und Selbstständigkeit und Gemeinschaftsfähigkeit. Die Schule gestaltet den Unterricht und seine Organisation selbstständig und eigenverantwortlich. Die Selbstständige Schule entwickelt ihr pädagogisches Konzept in einem Schulprogramm. Das Land und die Schulträger unterstützen und fördern die Schulen in ihrer Selbstständigkeit und Eigenverantwortung und übertragen ihnen Verantwortung für Personal und Sachbedarf.

(8) Die Schulen und die Schulbehörden sind zu kontinuierlicher Qualitätsentwicklung und -sicherung verpflichtet und wirken mit dem Schulträger zusammen. Zur Sicherung des Bildungs- und Erziehungsauftrags überprüft jede Schule regelmäßig und systematisch die Qualität ihrer Arbeit. Die Qualitätsentwicklung und -sicherung erstreckt sich auf die gesamte Unterrichts- und Erziehungstätigkeit, die Organisation der Schule, das Schulleben sowie die außerschulischen Kooperationsbeziehungen. Die Schulbehörden beraten und unterstützen die Schulen bei der Qualitätsentwicklung und -sicherung.

(9) Die Schüler sind auf der Grundlage der Rahmenpläne an der Auswahl der Unterrichtsinhalte zu beteiligen. Die fachlichen und pädagogischen Ziele des Unterrichts sind ihnen zu erläutern.

Teil 6: Datenschutz

§ 70 Umgang mit personenbezogenen Daten

(1) Personenbezogene Daten der Schüler und Erziehungsberechtigten dürfen von den Schulen, Schulträgern und Schulbehörden erhoben, verarbeitet und genutzt werden, soweit dies zur Erfüllung des Unterrichts- und Erziehungsauftrages nach diesem Gesetz und anderen Rechtsvorschriften erforderlich ist. Schüler und Erziehungsberechtigte haben die erforderlichen Angaben zu machen. Sie sind auf die Rechtsgrundlage für die Erhebung, Verarbeitung und Nutzung hinzuweisen. Die erhobenen Daten dürfen nur zu dem Zweck verarbeitet und genutzt werden, zu dem sie von den Betroffenen mitgeteilt worden sind.

(2) Die im Absatz 1 Satz 1 genannten Daten dürfen einer Schule, der Schulbehörde und dem Schulträger übermittelt werden, soweit sie von diesen zur Erfüllung der ihnen durch Rechtsvorschrift übertragenen Aufgaben benötigt werden. Die Übermittlung an andere öffentliche Stellen ist zulässig, wenn sie zur Erfüllung einer gesetzlichen Aufgabe erforderlich ist, ein Gesetz sie erlaubt oder der Betroffene im Einzelfall eingewilligt hat. An Ausbildungsbetriebe dürfen personenbezogene Daten von Berufsschülern übermittelt werden, soweit es zur Gewährleistung des Ausbildungserfolges erforderlich ist und schutzwürdige Belange der Betroffenen nicht beeinträchtigt werden. Die Übermittlung von Daten der Schüler und Erziehungsberechtigten an Personen oder Stellen außerhalb des öffentlichen Bereichs ist nur zulässig, wenn der Betroffene im Einzelfall eingewilligt hat. Minderjährige Schüler sind einwilligungsfähig, wenn sie die Bedeutung und Tragweite der Einwilligung und ihre rechtlichen Folgen erfassen können und ihren Willen hiernach zu bestimmen vermögen. Anderenfalls ist die Einwilligung von den Erziehungsberechtigten einzuholen. Alle Übermittlungsvorgänge sind aktenkundig zu machen.

(3) Ergebnisse schulärztlicher oder schulpsychologischer Untersuchungen, Daten über gesundheitliche Auffälligkeiten und etwaige Behinderungen sowie Verhaltensdaten von Schülern dürfen automatisiert nicht verarbeitet werden. Daten über besondere pädagogische, soziale und therapeutische Maßnahmen und deren Ergebnisse dürfen

nur verarbeitet und genutzt werden, soweit für Schüler eine besondere schulische Betreuung in Betracht kommt.

(4) Lehrer dürfen zur Erfüllung ihrer Aufgaben private Datenverarbeitungsanlagen zur Verarbeitung personenbezogener Daten von Schülern verwenden, wenn sichergestellt ist, dass diese Daten vor dem Zugriff Dritter geschützt sind und sich der Lehrer zuvor durch Abgabe einer schriftlichen Erklärung verpflichtet hat, die datenschutzrechtlichen Vorschriften zu beachten. Er unterliegt auch insoweit der datenschutzrechtlichen Kontrolle durch den Landesbeauftragten für den Datenschutz nach § 30 des Landesdatenschutzgesetzes.

(5) Personenbezogene Daten von Schülern und Erziehungsberechtigten sind durch geeignete technische und organisatorische Maßnahmen vor unberechtigtem Zugriff zu sichern.

(6) Erziehungsberechtigte und Schüler sind berechtigt, Einsicht in die sie betreffenden Unterlagen zu nehmen oder Auskunft über die sie betreffenden Daten und die Stellen zu erhalten, an die Daten übermittelt worden sind. Vom vollendeten 14. Lebensjahr an können Schüler diese Rechte auch ohne Zustimmung der Erziehungsberechtigten geltend machen, sofern die auskunftspflichtige Stelle deren Zustimmung nicht für erforderlich hält. Die Auskunft erfolgt unentgeltlich.

(7) Die oberste Schulbehörde wird ermächtigt, durch Rechtsverordnung
1. die nähere Bestimmung der in Absatz 1 Satz 1 genannten erforderlichen personenbezogenen Daten,
2. das Speichern, Verändern, Sperren, Anonymisierungen und Löschen von Daten,
3. die zulässigen Verwendungszwecke beim Einsatz automatisierter Verfahren und
4. die erforderlichen Datensicherungsmaßnahmen und Aufbewahrungsfristen
zu regeln. Die Rechtsverordnung ist dem Stand der Technik anzupassen.

§ 71 Wissenschaftliche Forschung

Wissenschaftliche Forschungsvorhaben an Schulen in öffentlicher Trägerschaft bedürfen der Genehmigung der zuständigen Schulbehörde. Im Übrigen findet § 34 des Landesdatenschutzgesetzes Anwendung.

§ 72 Statistische Erhebungen

Durch Rechtsverordnung der obersten Schulbehörde können in den Schulen in öffentlicher Trägerschaft und in den Schulen in freier Trägerschaft statistische Erhebungen über schul- und ausbildungsbezogene Tatbestände zum Zwecke der Schulverwaltung und Bildungsplanung angeordnet werden. Das Landesstatistikgesetz Mecklenburg-Vorpommern findet Anwendung.

Die Autoren

Prof. Dr. jur. Johannes Münder, Jg. 1944, ist emeritierter Inhaber des Lehrstuhls für Sozialrecht und Zivilrecht an der Technischen Universität Berlin.

Angela Smessaert, Jg. 1979, ist wissenschaftliche Mitarbeiterin am Lehrstuhl für Sozialrecht und Zivilrecht an der Technischen Universität Berlin.

http://www.gsw.tu-berlin.de/menue/sozial-_und_zivilrecht/